藝　文　叢　刊

寒柯堂宋詩集聯

余紹宋　著

韓雅慧　點校

浙江人民美術出版社

圖書在版編目（CIP）數據

藝文叢刊. 第六輯/（元）鄭杓等著；藝文類聚金石書畫館編. --杭州：浙江人民美術出版社，2023.2
（藝文叢刊）
ISBN 978-7-5340-9840-6

Ⅰ.①藝… Ⅱ.①鄭… ②藝… Ⅲ.①古籍-中國叢刊 Ⅳ.①Z121.7

中國版本圖書館CIP數據核字(2022)第247929號

藝文叢刊
藝文叢刊（第六輯）
〔元〕鄭　杓 等著　藝文類聚金石書畫館 編

責任編輯：霍西勝　羅仕通　張金輝　余雅汝　楊雨瑶
責任校對：左　琦
整體設計：傅笛揚　易問菊
責任印製：陳柏榮

出版發行　浙江人民美術出版社
　　　　　(杭州市體育場路347號)
經　　銷　全國各地新華書店
製　　版　浙江時代出版服務有限公司
印　　刷　浙江海虹彩色印務有限公司
版　　次　2023年2月第1版
印　　次　2023年2月第1次印刷
開　　本　787mm×1092mm　1/32
印　　張　54.25
字　　數　968千字
書　　號　ISBN 978-7-5340-9840-6
定　　價　388.00圓

出版説明

余紹宋（一八八二—一九四九），字越園，號覺庵、覺道人、映碧主人等，四十九歲後更號寒柯，浙江龍游人。自幼聰穎，年十六中秀才，後負笈日本東京法政大學。清宣統二年（一九一〇）歸國，以法律科舉人授外務部主事。民國間，曾先後任司法部參事、衆議院代理總長及浙江通志館館長等職。生平事迹詳見林志鈞撰《龍游余君墓志銘》、阮毅成撰《記余紹宋先生》等資料。

余氏雖然早年爲政頗有聲譽，然究其平生旨趣，則在金石考訂、書畫論著以及方志編纂，乃是近現代著名的史學家、收藏家和書畫家。幼時即得家庭環境之熏染；居北平、杭州時，復與湯滌、梁啟超、陳師曾以及黄賓虹等師友切磋研討，潛心鑽研，故能多所造詣。尤喜畫墨竹，自夏昶而上窺柯久思。書法擅章草，生平自詡書法第一，畫竹次之。葉恭綽嘗作《後畫中九友歌》，稱其「越園避兵窮益堅，有如空谷馨蘭荃，妙枝静如藏珠淵」，推之與齊白石、黄賓虹、張大千、溥心畬、吴湖帆等并稱「畫中九友」。

余氏學養深湛，創作宏富。除了書畫創作和研究外，在詩文創作方面亦不遜色，今人陳左高盛贊之云：「當代書畫家兼擅詩文書畫著述者，允推余紹宋。」二十世紀四十年代，余紹宋避寇於浙西，藉集聯來消遣自適，所謂「百無聊賴，乃取宋人詩集，讀之以自適。遇有佳句，堪作楹帖者，輒集之。隨集隨書，備爲臨池之助。積二月，凡得數百聯」。這些集聯頗見余氏才華與巧思，故而余重耀稱贊道：「越園先生清軌逸塵，望古遥集，等身著述。餘事揮毫，以大雅才，集宋人句。散之爲珠林，綜之爲玉海。高者成雲章，妙者爲月羲。」（《寒柯堂宋詩集聯跋》）

目前已知的《寒柯堂宋詩集聯》至少有五個版本：其一爲民國二十九年（一九四〇）鉛印四卷本。其二爲民國三十一年（一九四二）鉛印五卷本。其三爲稿抄本四卷本，該本每半葉八行，滿行十字，鈐有「寒柯堂宋詩集聯」「余紹宋」「寒柯堂集句」等印。其四爲稿本，該本書於振華書局所製朱欄十行箋紙上，每行文字多寡不均，内容多有塗改，且有僅列上聯而空下聯、僅列下聯而空上聯者。其五爲稿抄十卷本，每半葉十行，滿行十字，鈐有「越園」「余紹宋」「寒柯堂宋詩集聯」等印。通過比對上述各本内容，我們可以發現《寒柯堂宋詩集聯》存在不斷增補擴充的過程，是由最初的四卷擴充至十卷。其中，第四種應當是余氏創作的稿本，其從《宋詩鈔》中摘録相應佳句集成對聯，而上下聯存在空缺則應當是尚未能照到切當詩句。第三種稿抄本、第五種稿抄本應當係準備排印出版的底稿，而第五種稿抄本中「千章萬句卒非我，勝概閒情雙有餘」上批云「此聯置最後」，也恰與第二種鉛印五卷本的排版情況相合。

有鑒於上述各版本的特點，此次整理《寒柯堂宋詩集聯》以第五種版本即稿抄十卷本爲底本，予以標點整理。如此，既保留了集聯數量的豐富性，又避免將部分未寫定的孤聯收入書中，給讀者帶來誤解。本書整理出版過程中，得到余子安先生的大力支持，慷慨提供了上述第三、第四、第五種版本《寒柯堂宋詩集聯》的底本圖像，在此謹申謝忱！由於整理者水平有限，加之成書較爲倉促，書中存在不足之處，懇望方家批評指正。

點校者於安陽師範學院

二〇二二年二月

目録

小引

庚辰新春，蟄居山中，百無聊賴，乃取宋人詩集，讀之以自適。遇有可對偶者，輒集爲聯，以備臨池之助。積二月餘，裒然成帙。其中人人共賞之名句，容有爲前人已集者，出於偶合，非敢雷同。藏書既亡，無從檢校，知我者必相諒也。世亂方熾，乃爲此不急之務，吾知過矣，吾知過矣。然不爲無益之事，奚以遣有涯之生耶。賢哲猶然，而況吾輩。其年三月朔，沐塵遯叟越園記於寒柯堂。

又

讀宋賢詩，往往覺如己所欲言者，吟味不盡，故有此集。其不合吾意者，詞雖工弗取。借古人之酒杯，澆自己之塊壘，因是知集句亦須具有性靈。性靈所至，若有神助。山齋夜静，一燈熒熒，悠然神與古會，頓覺左右逢原，不啻若自其口出焉，自亦不知其何以然也，亦窮居之一樂也。因選千聯，分爲五卷。編既成，越園又記其端。

寒柯堂宋詩集聯一

越園遺興

剪裁妙處非刀尺，陸　游。
拆補新詩擬獻酬。陳師道。
丹青不解隨人老，李　覯。
心事還能與我同。王安石。
敗豪淡墨任揮灑，孔武仲。
險韻度詞費討論。陳師道。
獨以至公持國法，梅堯臣。
從來簡儉作家風。陸　游。
欲求公瑾一囷米，蘇　軾。
睨視元龍百尺樓。朱　松。
佳致真爲一方最，釋道潛。

孤懷不比少年時。梅堯臣。
泉聲幽咽鐘聲老，米　芾。
草色蒼茫柳色深。張　耒。
大開窗户納宇宙，戴復古。
亂栽花木養風煙。王安石。
十里荷花開世界，王庭珪。
千竿綠竹好生涯。石　介。
已知軒冕真吾累，王安石。
每見田園輒自招。蘇　軾。
顧我小詩如點纇，蘇　軾。
愧君持贈有佳篇。王安石。

松上篠蘿籬上葛，梅堯臣。
竹邊臺榭水邊亭。楊萬里。
便有好懷安得盡，楊萬里。
莫將忠憤等閒談。梅堯臣。
雲山得伴松檜老，蘇軾。
春事無多櫻筍來。陳師道。
自憐愚戆接豪邁，韓維。
直欲澹泊趨杳冥。蘇舜欽。
獨鶴有聲知半夜，蘇軾。
數峰無語立斜陽。王禹偁。
緑楊紅杏描春色，張詠。
豪竹哀絲發妙音。秦觀。
萬事熱心成浩歎，李覯。
三年多難更憑危。陳與義。

且喜新吟報强健，徐鉉。
剩排幽語説艱虞。陳與義。
絶境自忘千里遠，蘇軾。
得閒何惜一尊同。陳造。
萬叠秋山聳清骨，徐積。
一叢修竹拂吟魂。王禹偁。
囊簡久藏蝌蚪字，蘇軾。
吟哦直上崑崙坡。徐積。
不比狂花生客慧，蘇軾。
且將墨竹换新詩。蘇軾。
清坐使人無俗氣，黄庭堅。
强作安得有好辭。梅堯臣。
詩語孤高常近謗，蘇軾。
精神灑落見揮毫。孔平仲。

須憑精識能陶冶，韓　琦。
領略古法生新奇。黃庭堅。

風物澄明新雨後，孔平仲。
樓臺高下夕陽中。歐陽脩。

祇有此中作好句，程　俱。
且來共我聽胡琴。石　介。

不辭歌詩勸公飲，蘇　軾。
祇恐文章誤爾身。李　覯。

八月秋濤供筆力，陸　游。
一叢修竹拂吟魂。王禹偁。

共喜鵷鸞歸禁籞，蘇　軾。
誰識鳳凰與騶虞。王禹偁。

龍蛇久蟄應思奮，王　令。
風月相期不用賒。秦　觀。

見說胸中卷雲夢，唐　庚。
共恢詩律撼瀟湘。陳與義。

筆下江山轉葱蒨，朱　熹。
胸中拳攣蟠蛟螭。石　介。

行藏已許終身共，王安石。
孝友未要時人知。楊萬里。

祇將憂患供談笑，陳師道。
惟把高閒度歲時。王禹偁。

興來不假江山助，陳師道。
身到方知政令寬。蘇　轍。

對月酣歌美清夜，蘇　軾。
把酒臨風送晚春。孔平仲。

且憑詩酒勤春事，黃庭堅。
從此江山是故人。張　耒。

風月有情常似舊，張　耒。
丹青妙處不可傳。黄庭堅。
擬攀飛雲抱明月，梅堯臣。
獨上危亭俯落暉。梅堯臣。
惟有東風舊相識，歐陽脩。
須知白首尚多情。歐陽脩。
笑傲松篁弄花柳，鄭　俠。
窺睹風月偷吟哦。韓　維。
不獨江天解空闊，黄庭堅。
直與忠義相沉浮。蘇舜欽。
更要維摩一轉語，蘇　軾。
尚堪何遜作同時。黄庭堅。
絶境難到惟我共，蘇　軾。
春風從此與公游。王安石。

可人惟有秦淮月，釋道潛。
邀我共作滄浪篇。歐陽脩。
偶逐東風轉良夜，蘇　軾。
幸有落月窺清樽。蘇　軾。
已知軒冕真吾累，王安石。
自坐迂闊非人擠。蘇　軾。
未忍一身閒處着，陳師道。
肯使細故胸中留。蘇　軾。
欲把笙歌暖鋒鏑，蘇　軾。
與君談笑繼尊罍。孔武仲。
人生當復幾兩屐，程　俱。
此墨足支三十年。蘇　軾。
麻源碧澗神仙地，李　覯。
白髪青衫宦路人。李　覯。

晚有勝緣逢異士，陳師道。
盡收佳處入雕欄。秦　觀。
萬本梅花爲我壽，陳與義。
半窗松雪論天倪。林　逋。
湖上軒窗無不好，歐陽脩。
眼前杯酒且須賒。王禹偁。
洗壁題名留歲月，陳師道。
按簑帶笠伴犁鋤。歐陽脩。
已覺功名乖素志，王禹偁。
却傷詩句有時名。徐　鉉。
肝肺杈枒生竹石，蘇　軾。
風光爛漫擁樓臺。司馬光。
也知造物有深意，蘇　軾。
且向東風一破顏。趙　抃。

晤言相與入聖處，王安石。
隱几能安自在身。趙　抃。
問法求詩了無礙，蘇　軾。
枕流漱石真所便。孔武仲。
也知失意能平氣，趙　抃。
何處逢春不見花。張　耒。
萬里中原空費夢，陳與義。
一尊今日細論詩。韓　駒。
秋月春花出肝肺，楊萬里。
紅蕖淥浪摇醉眠。歐陽脩。
自提修綆汲千古，林景熙。
獨倚青冥望八荒。王安石。
書爲半酣差近古，陸　游。
人因見懶誤稱高。陸　游。〔一〕

坐感歲時歌慷慨，王安石。
敢將詩律鬬清嚴。蘇　軾。

何日粗酬身世了，張　耒。
春來惟恐酒尊空。王禹偁。

立脚怕隨流俗轉，戴復古。
壯懷難值故人傾。王安石。

清泉白石對斟酌，歐陽脩。
野鳥游魚信往還。蘇　軾。

繞牆四面縈煙水，韓　駒。
放浪萬里求蓬萊。陸　游。

惟有交情等金石，黄庭堅。
不甘離索向芳菲。林　逋。

卷裏有詩皆錦繡，朱　熹。
望中無處不煙霞。周必大。

露葉霜枝翦寒碧，蘇　軾。
溪光山影動浮虛。張　耒。

不見纖塵落幽抱，黄　裳。
有何長略謝清時。張　詠。

高文大册書鴻烈，黄庭堅。
萬壑千巖鬬物華。余　靖。

山圍故國城空在，蘇　軾。
春到江南花自開。蘇　軾。

尚有風光供醉筆，張　耒。
且將塵事指浮漚。趙　抃。

風流丘壑真吾事，陳與義。
送老安閒敢自期。陸　游。

春風入户如相見，張　耒。
秋水黏天不自多。黄庭堅。

獨愛詩篇超物象，張　耒。
盡携書畫到天涯。蘇　軾。

客裏賴詩增意氣，陳與義。
席間無地可塵埃。朱　熹。

閒以辨謔每絶倒，梅堯臣。
聞説襟懷任所如。徐　鉉。

交態不忘平日厚，韓　絳。
微言惟有故人知。王安石。

書生事業期千載，陸　游。
老氣軒昂蓋九州。陳師道。

浪説虛名落人世，米　芾。
莫將閒事縈心田。張　詠。

千巖萬壑初相識，孔武仲。
野草閒花亦自香。韓　淲。

訪古尋碑可銷日，梅堯臣。
青山白髮兩忘年。王　令。

庭前花枝笑自愛，王　令。
湖上山林畫不如。林　逋。

高論幾爲衰俗廢，王安石。
清歡難得故人同。韓　琦。

且將聚散爲閒事，徐　鉉。
免使埋没隨飛埃。蘇舜欽。

一生肝膽如星斗，蘇舜欽。
滿室圖書雜典墳。陳　亞。

詩纔適意豈求好，陸　游。
語到真時不屬情。韓　維。

萬里因循成久客，陸　游。
一時詩酒寄同游。戴復古。

不肯低心事鐫鑿，蘇舜欽。
爲我揮筆芟煩苛。韓　維。

瀟灑正如君子性，孔平仲。
神妙獨到秋豪顛。蘇　軾。

遥聞詩酒皆推勝，蘇　轍。
老覺山林可避人。陳師道。

與世日疏愁易遣，陸　游。
閉門高卧客來稀。朱　熹。

欲從抱朴傳家學，蘇　軾。
來讀晦菴新著書。陸　游。

是處溪山皆畫笥，王　炎。
更添松竹作壽星。樓　鑰。

鴉鳴日出林光動，歐陽脩。
夜静山響春泉鳴。歐陽脩。

端居感慨忽自寤，王安石。
勝事蹉跎只可憐。王安石。

誰向空山弄明月，蘇　軾。
不嫌俗士污丹梯。蘇　軾。

著書多暇真良策，蘇　軾。
尊酒相逢爲少留。張　耒。

規模簡古人争看，蘇　軾。
襟抱恢疏老更寬。晁沖之。

已欣臺省登群彦，張　耒。
知向江湖拜散人。蘇　軾。〔二〕

讀書下筆知所趣，韓　維。
呼酒看花與未窮。歐陽脩。

將希遐躅蹈高軼，王　令。
便語淵奥祛佹疑。梅堯臣。

煙外川原誰繡畫，文　同。
腹中圖史自紛綸。張　擴。

芳辰一笑真難值，王安石。
珠樹三株詎可攀。秦　觀。

春深何處無顏色，唐　庚。
老去尚能憐物華。歐陽脩。

清輝問人若有意，蘇舜欽。
歲晚得子欣爲徒。梅堯臣。

真珠爲槳玉爲醴，蘇　軾。
落月滿川風滿山。張　耒。

奇書古畫不論價，歐陽脩。
新詩美酒聊窮年。歐陽脩。

自然天性曉絶藝，文　同。
披豁羈懷見雅吟。蘇舜欽。

投老始知歡可惜，王安石。
落筆乃與天同功。黄庭堅。

平生意氣故應在，王安石。
胸次詩書要不忘。黄庭堅。

一日江山蒙筆力，陳傅良。
滿川風雨看潮生。蘇舜欽。

妙質不爲平世得，王安石。
高懷猶有故人知。陳師道。

野鶩家雞定誰美，蘇　軾。
黄鸝白鳥解人情。陳師道。

却厭端居苦無事，朱　熹。
忽逢佳士喜同游。黄庭堅。

風光未忍輕抛擲，陸　游。
習氣深知要掃除。陸　游。

强飲且爲山作主，蘇　軾。
遣愁安得酒如泉。張　耒。

幽芳滿徑春難老，孔武仲。
清坐論詩夜向深。姜　夔。

跪履數從圯上老，蘇　軾。
逸書更問濟南生。蘇　軾。

能招過客飲文字，王安石。
却伴溪童學釣魚。蘇舜欽。

且誦好詩成素飲，韓　琦。
日與嘉客陳清尊。歐陽脩。

半雨半晴寒食夜，蘇　軾。
村南村北鵓鴣啼。范　浚。

嘗茶看畫亦不惡，蘇　軾。
求田問舍轉無成。王安石。

舊游半似前生事，徐　鉉。
懷抱殊勝未老時。陸　游。

意氣軒騰脱羈縶，孔平仲。
風神迥出本天資。劉子翬。

短簑歸釣寒江雪，王　炎。
空澗夜落春巖泉。歐陽脩。

萬户春風爲子壽，蘇　軾。
滿衣塵土爲君羞。王禹偁。〔三〕

閒卷孤懷背塵世，林　逋。
不將俗物礙天真。秦　觀。

清風明月本無價，歐陽脩。
紅樹青山合有詩。陸　游。

莫把青春枉抛擲，張　耒。
不欲塵累相追攀。蘇舜欽。

世亂可無閒地隱，張元幹。
醉倒惟有春風知。蘇舜欽。

生希李廣名飛將，陸　游。
知有班超續漢書。蘇　軾。

敗豪淡墨任揮灑，孔武仲。
名章俊句紛交衡。蘇　軾。

正自雲山鎖胸臆，程　俱。
乞與丹青畫怪奇。陸　游。

老去未妨詩律在，朱　熹。
散歸想見醉顏酡。陸　游。

雲錦天機織詩句，楊萬里。
緑陰幽草勝花時。王安石。

筆下江山轉葱蒨，朱　熹。
雨餘泉石長精神。孔武仲。

百年耆舊如重見，林光朝。
一室琴書自解顏。林　逋。

老去興懷空繾綣，袁説友。
春來乘興宿煙蘿。王禹偁。

如此高才却解事，唐　庚。
故將妙語寄多情。蘇　軾。

畫筆蒼茫留水墨，孔武仲。
高談灑落見天機。孔武仲。

剩欲開懷納巖壑，楊萬里。
却來高卧對谿山。孔平仲。

舊遊似夢徒能説，蘇　軾。
醉裏逃禪却甚真。陳師道。

幽花媚草錯雜出，王安石。
洛筍河魴次第來。陸　游。

乃是天機貫胸臆，黄庭堅。
直教雲氣當簾帷。李覯。

真珠爲漿玉爲醴，蘇軾。
秋光如水雨如絲。徐鉉。

舊聞草木皆仙藥，蘇軾。
從此江山是故人。張耒。

園中鳥語勸沽酒，黄庭堅。
巖下朝陰俯聽雷。王令。

春風入户如相覓，張耒。
倦鳥孤飛豈有期。蘇軾。

長篇小字遠相寄，蘇軾。
膏面染鬚聊自欺。蘇軾。

始信春恩不私物，趙抃。
細看佳句轉驚人。陸游。

平生獨以文字樂，梅堯臣。
此日尤慚時世妝。朱熹。

却將舊學收新進，蘇轍。
便覺歸心勝宦情。范成大。

破浪乘風千里快，陸游。
飛花流水一年春。吴儆。

一笑不須論聚散，范成大。
浮生何必計升沉。蘇舜欽。

人生行樂在勉强，歐陽脩。
少日結交皆老蒼。蘇軾。

交態不忘平日厚，韓維。
自信獨與常人殊。韓維。

一池新墨生吟思，陸游。
萬頃清江浸碧瀾。王令。

高下品題分甲乙，戴復古。
睥睨天地如豪芒。孔平仲。
更要維摩一轉語，蘇　軾。
敢期子美是前身。王禹偁。
洗滌山川作嘉趣，王安石。
寄懷魚鳥欲忘形。王安石。
嗒爾暫能離世網，蘇舜欽。
歸來便擬挂塵冠。葉夢得。
浮家泛宅非無計，張元幹。
讀易論詩亦未疏。陸　游。
最好臨風眺平楚，朱　熹。
不妨隨境味玄幽。朱　熹。
超然遂有江湖意，王安石。
偃蹇故是山林姿。程　俱。

抵掌曾論天下事，徐　鉉。
高懷猶有故人知。陳師道。
清風明月本無價，歐陽脩。
近水遠山皆有情。蘇舜欽。
中含太古不盡意，樓　鑰。
羅列平生未見書。梅堯臣。
十里煙波明月夜，陸　游。
一場風露敗荷秋。蘇舜欽。
樹老參天杳深谷，歐陽脩。
秋空無地着浮埃。朱　松。
心知勝地都忘睡，張元幹。
偶向新亭一破顔。朱　熹。
獨坐每將詩作伴，張　耒。
暮年思與子論交。韓　駒。

且傾徐邈聖賢酒，朱槔。
飽喫東坡玉糝羹。張九成。

瘦竹枯松寫殘月，蘇軾。
水痕天影蘸秋霞。林逋。

故應春物撩詩思，韓駒。
不惜餘歡盡酒卮。徐鉉。

身閒剩覺溪山好，陸游。
院静先知節候涼。徐鉉。

物不求餘隨處足，孔平仲。
詩憑寫意不求工。陳造。

密葉留花供淺酌，陸游。
舊書惟案細籤題。陳造。

佳時易失閒難得，歐陽脩。
此事今無古或聞。蘇軾。

幽徑有風偏愛竹，陸游。
高齋掃地獨焚香。陸游。

莫爲艱難歸故里，韓駒。
且將閒散替勞生。范成大。

瑤井玉繩相對曉，蘇軾。
緑叢紅橘最宜秋。歐陽脩。

大隱本來無境界，蘇軾。
客游遠喜共周旋。趙鼎臣。

棋局可觀浮世理，陳與義。
詩筒翻喜入秋新。趙抃。

此地登臨比圖畫，孔武仲。
隨時憂喜到漁樵。陳與義。

欲見舊交驚歲月，陳與義。
想當逸氣吞江湖。黄庭堅。

水涵尊俎清如洗，王安石。

草接汀蘋緑似煙。徐鉉。

遭亂始知承平樂，陳與義。

多稼惟欣大有年。吴儆。

亂插繁花向晴昊，秦觀。

挂空匹練嚶清寒。陳造。〔四〕

已覺功名乖素志，王禹偁。

且收風景屬詩人。王禹偁。

書當快意讀易盡，陳師道。

老不求名語益真。蘇軾。

好事風流有涇渭，黄庭堅。

平生疏野得江湖。孔平仲。

樹林幽翠滿山谷，黄庭堅。

文字光彩垂虹霓。歐陽脩。

校勘記

〔一〕原批「此對未用」。

〔二〕原批「疑前人已集」。

〔三〕下聯批注云：此「爲」字讀去聲。

〔四〕原批「去」。

寒柯堂宋詩集聯二

心知勝地都忘睡，張元幹。
各有華髮已垂顛。梅堯臣。

湖山依舊渾相識，陳師道。
樽酒何時共放懷。歐陽脩。

眼看青冥有餘力，黄庭堅。
月照浄練無纖埃。歐陽脩。

明月長圓無晦朔，蘇　軾。
亂雲行野乍晴陰。蘇舜欽。

行吟自怪詩情減，陸　游。
文字能令酒盞寬。唐　庚。

不矜富貴知餘事，孔武仲。
須信榮枯是偶然。徐　鉉。

越園遣興

白菊紅渠相媚嫵，陳　造。
小庭幽圃絶清佳。文　同。

造物無情吾輩老，陸　游。
閒塵掃盡性根空。蘇　軾。

壯士臨風獨慷慨，晁沖之。
少年交支盡豪英。陸　游。

開尊細説平生事，朱　熹。
閒日共賦春容篇。朱　熹。

只知閒味如茶永，陸　游。
老見異書猶眼明。陸　游。

叩舷長歌心益壯，林亦之。
報國無期淚每傾。陸　游。

筆下江山轉葱蒨，朱　熹。
天涯形貌各昂藏。陳與義。

古人妙處君潛得，劉子翬。
濁酒醒時夢易驚。張元幹。

雲錦天機織詩句，楊萬里。
藤床瓦枕快清風。韓　駒。

惟愛滂沱洗煩熱，孔平仲。
要從苦淡識清妍。朱　熹。

會面只謀千日醉，晁補之。
悲歡各誦十年詩。陳與義。

橫塘日暮林巒合，韓　駒。
荷花夜開風露香。蘇　軾。

書當快意讀易盡，陳師道。
筆所未到氣已吞。蘇　軾。

湖上幽人想如昨，釋道潛。
閒中滋味更無過。徐　鉉。

已將遠眺收平楚，唐　庚。
起約良游醉好春。朱　熹。

一樽濁酒有妙理，陸　游。
數聲幽鳥和清吟。胡仲弓。

好松明月共清興，張元幹。
亂石清泉自憶歸。梅堯臣。

正作詩時人莫喚，徐　積。
始知忙裏事俱非。范成大。

青山久負當年約，韓　駒。
淥酒聯驅萬古愁。蘇舜欽。

落日留霞知我醉，陳與義。
兩山排闥送青來。王安石。

浄掃明窗憑素几，陸　游。
漫燒石鼎試新茶。戴　昞。

地僻誰知藏好景，孔武仲。
身閒端合醉秋光。周必大。

招携好客共談笑，陳師道。
追琢秀句酬江山。黄庭堅。

盡日煙雲同變化，陸　游。
千年茅竹蔽幽奇。陳師道。

野鶩家雞定誰美，蘇　軾。
蘆鞭席帽爲君留。范成大。

獨愛詩篇超物象，張　耒。
莫將閒事縈心田。張　詠。

點檢轉工新句法，韓　駒。
頡頏兼得古人風。孔平仲。

樓臺有月新詩出，王禹偁。
楊柳微風百媚生。陳與義。

豈知汲黯輕爲郡，劉　敞。
莫從唐舉問封侯。蘇　軾。

高風已自雜漁釣，蘇　軾。
勝事傳説誇友朋。蘇　軾。

忍情斷酒非關病，晁沖之。
秉燭看花每到明。陸　游。

幾年魚鳥真相得，張　耒。
萬里秋空未是寬。陸　游。

高吟醉舞忘歸去，陸　游。
水石風林入夢思。范成大。

路絶塵埃非灑掃，李　覯。
天教桃李作輿臺。蘇　軾。
煙外川原誰繡畫，文　同。
波間鷗鷺劇風流。陳　造。
應須緑酒酬黄菊，王安石。
更喜高秋見好花。韓　維。
呼酒撚花談舊事，楊萬里。
擁爐閉閣賦幽香。崔　鶠。
山好更宜餘積雪，唐　庚。
夜飲不覺生朝霞。歐陽脩。
貧有琴書聊自樂，王禹偁。
身常强健又須閒。陸　游。
故國淒涼人事改，蘇　軾。
秋客細碎樹枝紅。李　覯。

芳辰一笑真難值，王安石。
佳客能來不再招。陸　游。
古人却向書中見，陸　游。
流景從知静處長。韓　琦。
心地平安體舒適，陸　游。
郊原高下水縱横。陸　游。
燈火詩書如夢寐，黄庭堅。
巖花澗草自春秋。歐陽脩。〔一〕
真能與物同其適，王安石。
敢於兹世獨求清。王　令。
已欣臺省登群彦，張　耒。
還向江湖覔故人。程　俱。
清泉白石對斟酌，歐陽脩。
細草幽花入獻酬。秦　觀。

骨氣乃有老松格，黄庭堅。
心期祇許白鷗同。陳　造。
詩墨淋漓不負酒，林景熙。
雲山濃淡自開屏。蘇舜欽。
年時尚記尋芳約，陳　造。
閒客猶懷愛物心。陸　游。
立身從道思無愧，趙　抃。
送老安閒敢自期。陸　游。
空餘詩酒興不淺，黄庭堅。
始知文字樂無窮。歐陽脩。
細草輕煙日邊路，鄭　俠。
白衫烏帽野人裝。張　耒。
此間不可無君語，蘇　軾。
陶然直欲見天機。蘇舜欽。

好把山林寄圖畫，戴復古。
與君談笑繼尊罍。孔武仲。
酒美賓嘉足自負，歐陽脩。
韻嚴詞峭不容攀。孔平仲。
興來不假江山助，陳師道。
秀發更爲煙霞新。晁補之。
已辨青鞋隨老圃，朱　熹。
急搜奇句報新晴。陳與義。
年光取次須偷賞，梅堯臣。
習氣深知要掃除。陸　游。
白雲作伴宜常在，王禹偁。
佳句有時還自來。程　俱。
領略年光屬閒客，陸　游。
發揮春色有新詩。秦　觀。

清風朗月長相憶，徐　鉉。
近水遠山皆有情。梅堯臣。

自顧松筠根節老，趙　抃。
只將文字眼前堆。梅堯臣。

身未蓋棺誰可料，陸　游。
詩如得句偶然來。楊萬里。

勸課農桑誠有道，黃庭堅。
從客談笑尚能歡。孔平仲。

寒燈相對憶疇昔，蘇　軾。
勝事傳説誇友朋。蘇　軾。

酒逢歡後寧論量，韓　維。
風入襟懷只自知。孔平仲。

書猶能看未曾老，真山民。
蘭縱當門亦不除。劉克莊。

莫爲艱難歸故里，韓　駒。
欲將才業效當年。韓　維。

姓字已高時輩上，陳　造。
頡頏兼得古人風。孔平仲。

叩門但覓王居士，蘇　軾。
蹈海遠尋魯仲連。韓　駒。

嗒爾暫能離世網，蘇舜欽。
從來不解入時宜。陸　游。

幽人無事長相見，程　俱。
秋水爲文不受塵。蘇　軾。

千里江山漁笛晚，汪　藻。
萬人歌吹早鶯天。陸　游。

著書多暇真良策，蘇　軾。
柱杖相從無雜賓。陳與義。

每惜好春如我老，陸　游。
偶思小飲報花開。陸　游。
賞奇好古自一癖，陸　游。
求田問舍轉無成。王安石。
隨分笙歌行樂處，韓　琦。
思入風雲變態中。程　頤。
妙手信能移造化，戴復古。
此身秪合卧滄洲。陸　游。
高人讀書夜達旦，蘇　軾。
好鳥穿林去復還。陸　游。
笑語從客慰寂寞，孔武仲。
文章浩渺足波瀾。王安石。
静中物象知誰見，蘇舜欽。
樓上煙雲怪不來。蘇　軾。

解顔一醉平生事，陳　造。
信手同潘集古書。朱　熹。
銀管題詩紛滿帙，周必大。
金樽美酒惜餘春。歐陽脩。
一水護田將緑繞，王安石。
長風吹月送詩來。陳與義。
東風摇波舞浄緑，蘇　軾。
斷雲障日作微凉。陸　游。
獨坐每將詩作伴，張　耒。
憂公遂與世相忘。陸　游。
心知勝地都忘睡，張元幹。
抄得新書自校讎。徐　鉉。
新篇波瀾特浩蕩，王安石。
小園風月且婆娑。陸　游。

身隨沙鷗卧煙雨，韓　駒。
氣勁健鶻橫清秋。蘇舜欽。

池畔冷香通醉夢，蘇舜欽。
尊前絳雪點春衣。陸　游。

能傳身後須文字，李　覯。
不墜家風善賦詩。徐　鉉。

緑楊紅杏描春色，張　詠。
殘雪疏籬當畫圖。陳與義。

向晚却尋芳草徑，朱　熹。
對花還作笑歌人。王　令。

自古安危關政事，陳　造。
從來簡儉作家風。陸　游。

一笑不須論聚散，范成大。
長吟聊復愴興亡。陸　游。

只知閒味如茶永，陸　游。
且放春光入眼來。孫　覿。

移酒近花坐明月，趙汝礪。
臨池叠石幻溪山。戴　昞。

江山慘淡真如畫，楊萬里。
豺虎縱橫難息機。蘇舜欽。

座上和風隨麈柄，陸　游。
齒邊餘味滌吟魂。蘇舜欽。

物不求餘隨處足，孔平仲。
詩如得句偶然來。楊萬里。

隱居本爲逃名計，方　岳。
閱世空存後死身。梁　棟。

不知眼界闊多少，黄庭堅。
想見眉宇寒峥嶸。張　耒。

知己難逢身易老，陳師道。
舊游誰在事皆非。樓　鑰。
懸崖雙瀑洒空雪，樓　鑰。
當窗十里横煙峰。韓　駒。
諸友誤稱吟筆長，趙師秀。
一樽聊發少年狂。汪　藻。
病覺風光於我薄，劉克莊。
老來懷抱向誰開。楊萬里。
春風不解分疆界，許月卿。
世俗難論真是非。方　岳。
青鞋布襪能從我，釋道潛。
浪蕊浮花懶問名。釋道潛。
不矜富貴知餘事，孔武仲。
聊與風光作主人。黄公度。

世事静思同轉轂，梅堯臣。
酒餘歡適似還鄉。蘇　軾。
晚歲猶思事鞍馬，陸　游。
固窮不肯媚錢神。劉克莊。
湖上軒窗無不好，楊萬里。
眼前樽酒未宜輕。黄庭堅。
珍重故人敦妙契，秦　觀。
發揮春色有新詩。秦　觀。
一樽豈盡平生話，王庭珪。
孤劍空懷許國心。陸　游。
白髮餘春能幾醉，林景熙。
黄鶯無恨爲誰啼。真山民。
我生微尚在丘壑，司馬光。
游客自觀隨淺深。蘇　軾。

老去交游難暫捨，徐　鉉。
眼前樽酒未宜輕。黄庭堅。
治狀要須聞豈弟，黄庭堅。
拂衣竟得歸林泉。樓　鑰。
是處山川即吾土，真山民。
此生丘壑是前緣。范成大。
自有溪山真樂地，文天祥。
便無風月亦飛觴。文天祥。
雨剩風殘忽春暮，楊萬里。
煙描水寫老秋客。楊萬里。
心清自覺官曹簡，徐　鉉。
眼界空有雲山蒼。許月卿。
隱居本爲逃名計，方　岳。
處士原無謗國心。劉克莊。

江湖有夢追前事，林景熙。
天地無情負此翁。戴復古。
時把文章供戲謔，戴復古。
自笑泉石成膏肓。樓　鑰。
浮名坐覺秋毫小，陸　游。
俠氣不洗儒生酸。蘇　軾。
閒來無悰喜自適，王　令。
秋邊有句説誰知。楊萬里。
萬事不醒中酒聖，梁　棟。
一蕁相屬兩華顛。韓　駒。
拈出老謀開宇宙，楊萬里。
自知無用甘林泉。黄公度。
歲月可驚吾輩老，方　岳。
江山有恨古人休。戴復古。

扁舟莫負林間約，徐　熙。
白髮多從客路生。韓　駒。

身未蓋棺誰可料，陸　游。
詩有高名虜亦聞。劉克莊。

高卧緑陰啼鳥下，汪　藻。
醉眠古石紅蕖間。孔平仲。

春風不解分疆界，許月卿。
新月邀將入酒杯。張　耒。

長吟宇宙獨引領，蘇舜欽。
游戲人間不皺眉。許月卿。

誰遺文章太驚俗，楊萬里。
從來富貴是危機。文天祥。

玉麈清談消永日，歐陽脩。
青燈相對結寒花。劉克莊。

簾虛日薄花竹静，梅堯臣。
古往今來鼓角哀。楊萬里。

心知勝地都忘睡，張元幹。
喜占明窗爲著書。徐　積。

翠帷暮捲佳人出，蘇　軾。
高論力詆庸兒羞。王庭珪。

紅葉滿庭人倚檻，釋惠洪。
青溪繞屋花連天。蘇　軾。

好把山林寄圖畫，戴復古。
更憑花木續離騷。林光朝。

細草新蒲幾回緑，王庭珪。
飛花流水一年春。吴　儆。

即事想多梅蕊句，范成大。
春光都在柳梢頭。楊萬里。〔二〕

四顧風煙入懷袖，司馬伋。
百年悲樂寄尊壺。陸　游。
江湖萬里水雲闊，汪元量。
草木一溪文字香。林景熙。
筆墨爲供無盡藏，樓　鑰。
林泉猶得半生閒。程　俱。
想有新詩傳素壁，黄庭堅。
莫將白髮照滄浪。楊萬里。
雲錦天機織詩句，楊萬里。
煙描水寫老秋客。楊萬里。
樓臺四望煙雲合，秦　觀。
圖書滿室翰墨香。米　芾。
聊伴詩人發幽意，楊萬里。
直須樂事趁芳時。陳　造。

薄飯蕨薇端可飽，陸　游。
秋風菰米勸加餐。何夢桂。
開樽細説平生事，朱　熹。
下筆惟愁造化窮。楊萬里。
詩無定律君應將，蘇　軾。
客有可人期不來。陳師道。
萬本梅花爲我壽，陳師道。
中原人物似君無。何夢桂。
江山重複争洪眼，陸　游。
豺虎縱横難息機。蘇舜欽。
稍聞吉語占農事，范成大。
好把清詩慰此心。徐　熙。
朱顏酒鬢常如昨，陸　游。
柳眼梅梢正索詩。范成大。

停驂邂逅成清款，劉子翬。
投老山林始定居。楊萬里。

案頭美酒初温火，梅堯臣。
巖下朝陰俯聽雷。王　令。

家居禹廟蘭亭路，陸　游。
得意唐詩晉帖間。陸　游。

世俗今猶疑許遠，劉克莊。
謗詩遂至劾陶潛。劉克莊。

立脚怕隨流俗轉，戴復古。
著鞭寧許他人先。朱　熹。

閒尋書册應多味，黃庭堅。
家有溪山豈是貧。陳傅良。

千里江山幽信絶，蘇舜欽。
十年風雨短檠寒。楊萬里。

險艱去處多奇觀，楊萬里。
弦管聲來揚晚風。歐陽脩。

共喜江山入尊俎，朱　熹。
時尋樵牧弄煙霏。劉克莊。

春蚓秋蛇隨意畫，蘇　軾。
黃鸝白鳥解人情。陳師道。

清樽獨酌夜方半，蘇　轍。
古錦藏詩墨未乾。韓　維。

物外樓臺秋更豁，張　耒。
袖中文字細作行。楊萬里。

小詩試擬孟東野，蘇　軾。
高名誰伴謝宣城。晁沖之。

誰遣塵埃空老去，楊萬里。
莫教牢落負心期。朱　熹。

養氣安閒真得計，蘇　轍。
作詩閎放莫可攀。歐陽脩。

始信安閒能却老，王　洋。
忽逢虛曠自生涼。孔武仲。

回巒俯仰如迎客，陳師道。
白髮江湖是故人。林景熙。

露葉霜枝翦寒碧，蘇　軾。
紅蕖緑篠媚滄浪。蔣　堂。

窮賤交游復誰記，戴復古。
簞瓢風味要君知。朱　松。

一庭花影三更月，戴復古。
千里煙波萬疊山。范成大。

天生奇才爲時出，黃公度。
身已深藏畏俗知。劉克莊。

會面只謀千日醉，晁補之。
相逢已歎十年遲。范成大。

應作羲之羨懷祖，蘇　軾。
晚因子厚識淵明。楊萬里。

便將酒力推愁去，孫　覿。
盡放青山入座來。孔武仲。

黃花滿地詩人老，何夢桂。
幽樹一庭紅葉秋。真山民。

詩名官職看雙好，楊萬里。
雪盡山青又一奇。陸　游。

詩酒放懷窮亦樂，陸　游。
江山依舊歲還新。楊萬里。

一日聲華九垓遍，黃公度。
五更風雨四山秋。陸　游。

浮生不了悲歡事，范成大。
此日尤慚時世妝。朱　熹。
隨分尊罍奉嘉客，黃公度。
別開池沼養谿魚。王禹偁。
煙霞平日真成癖，楊萬里。
書畫殘來亦賣錢。劉克莊。
開編喜見平生友，陸　游。
舉世誰非市道交。黃公度。
叩門但覓王居士，蘇　軾。
秋浦同尋杜牧之。戴復古。
萬柳百花好時節，翁　卷。
名山大澤出文章。戴復古。
滿眼碧波輸野鳥，王禹偁。
百年綺語墮凡塵。謝　翺。

校勘記

〔一〕原批「未抄」。

〔二〕原批「疑前人已集」。

寒柯堂宋詩集聯三

越園遺興

斯文自屬吾黨事，韓　駒。
此意多應俗士嫌。程　俱。
花如解語還多事，陸　游。
酒不能賒始覺貧。陸　游。
自憐愚戇接豪邁，韓　維。
競愛妥帖驚權奇。劉子翬。
幽花媚草錯雜出，王安石。
玉節朱幡次第開。韓　駒。
已分中年甘寂寞，徐　鉉。
了無塵事累幽閒。韓　絳。
持此以爲風月伴，米　芾。

却是初無富貴心。黃庭堅。
偶逢精識見獎拔，蘇舜欽。
便語淵奥袪佹疑。梅堯臣。
敗豪淡墨任揮灑，孔武仲。
銀鉤秀句益疏通。蘇　軾。
絶境難到惟我共，蘇　軾。
杖藜從此爲君來。王安石。
向來憂喜皆陳跡，劉子翬。
歸與親朋説舊游。張　耒。
百尺闌干横海立，陳與義。
滿川風雨看潮生。蘇舜欽。

拈筆古心生篆刻，秦　觀。
開軒危坐看陰晴。陳與義。

芳草有情隨處好，張　耒。
古人不死此心傳。陸　游。

奇書古畫不論價，歐陽脩。
近水遠山皆有情。蘇舜欽。

春湖平渟照空碧，王　令。
高談灑落見天機。孔武仲。

但縱高吟開醉膽，韓　琦。
盡收佳處入雕欄。秦　觀。

按圖哦詩想幽致，樓　鑰。
冠巖帶壑無俗情。葉　適。

清坐使人無俗氣，黃庭堅。
把酒終日聽泉聲。歐陽脩。

能招過客飲文字，王安石。
却尋田叟問耕耘。歐陽脩。

閒卷孤懷背塵世，林　逋。
且收風景屬詩人。王禹偁。

立脚怕隨流俗轉，戴復古。
清歡難得故人同。韓　琦。

四時泉石應無夏，石　介。
萬里煙波接素秋。孫　覿。

書爲半酣差近古，陸　游。
詩憑寫意不求工。陳　造。

池館虛明開水石，孔平仲。
風光爛漫擁樓台。司馬光。

不肯低心事鐫鑿，蘇舜欽。
却向吟筆呈鋒鋩。鄭　俠。

且喜新吟報强健，徐鉉。
不須隨世問榮枯。趙抃。
看畫烹茶每醉飽，張耒。
折花臨水共徘徊。陳師道。
交態不忘平日厚，韓維。
放懷還與一尊同。蘇軾。
盡日竹風談法要，黄庭堅。
一簾花雨自黄昏。韓維。
偶逐東風轉良夜，蘇軾。
誰知白髮爲蒼生。王令。
松上藤蘿籬上葛，梅堯臣。
雲裏寒溪竹裏橋。王禹偁。
也知道在終無問，王禹偁。
聞説襟懷任所如。徐鉉。

不辭歌詩勸公飲，蘇軾。
思得美酒聊自酣。王令。
白髮尚堪供語笑，陳師道。
歲華全得屬文章。程俱。
當户小山如舊識，徐鉉。
礙人新竹不客删。韓琦。
但知膏澤利麰麥，蘇轍。
相與曠快觀滄溟。蘇舜欽。
行藏已許終身共，王安石。
脱略不省旁人譏。王安石。
萬壑有聲含晚籟，王禹偁。
一尊相屬對黄花。唐庚。
老屋陳偏自怡悦，韓駒。
幅巾藜杖一追隨。鄒浩。

惟有交情等金石，黄庭堅。
剩排幽語説艱虞。陳與義。

主人日飲三千客，蘇軾。
父老祝君一萬年。陳與義。

意足不求顔色似，陳與義。
神妙獨到秋豪顛。蘇軾。

亂插繁花向晴昊，秦觀。〔一〕
直教雲氣當簾帷。李覯。

妙手不爲平世用，陳師道。
孤標未要後生知。劉經。

惟有雲山差可樂，陸游。
遥知風雨不同川。蘇軾。

霜柑糖蟹新醅美，梅堯臣。
尊酒燈花鄉信來。張元幹。

千丈虚廊貯明月，陳與義。
一叢修竹拂吟魂。王禹偁。

春色豈關吾輩事，蘇軾。
海棠猶待老夫詩。陳與義。

大開窗户納宇宙，戴復古。
共恢詩律撼瀟湘。陳與義。

乞與徐熙畫新様，蘇軾。
尚傳韓愈誨諸生。韓駒。

風流別駕貴公子，蘇軾。
江南太守舊詩人。晁補之。

擬攀飛雲抱明月，蘇舜欽。
卧對高巖看落泉。沈遼。

入户好峰誰可畫，韓琦。
上牆幽蘚最相宜。徐鉉。

留客旋燒含露筍，王禹偁。
觀書正傍短燈檠。鄒　浩。

萬里來游還望遠，陳與義。
一尊相與細論文。黃庭堅。

已潔心源超世表，徐　鉉。
祇憑詩酒送浮生。王禹偁。

沽酒獨教陶令醉，蘇　軾。
作詩猶似建安初。蘇　軾。

明月清風供一吸，唐　庚。
拄笏看山了十年。陳與義。

故遣佳人在空谷，蘇　軾。
自同漁父老清江。沈與求。

會面只謀千日醉，晁補之。
得閒何惜一尊同。陳　造。

但得低頭拜東野，蘇　軾。
何如載酒問楊雄。徐　積。

一尊濁酒有妙理，陸　游。
百年痛飲真良圖。張　耒。

詞客倦吟花似酒，蘇　軾。
茅齋春靜草如煙。蘇舜欽。

欲見舊交驚歲月，陳與義。
猶將餘力寄風騷。王安石。

盞裏醇醪無限滿，梅堯臣。
雨餘風物一番新。韓　琦。

高吟大醉輸公等，范成大。
白酒黃雞命里人。梅堯臣。

共喜鵷鸞歸禁籞，蘇　軾。
要使珠璧棲窗櫺。蘇　軾。

忽有好詩生眼底，陳與義。
直須樂事趁芳時。陳　造。

春愁盡付千杯酒，徐　鉉。
好事家藏萬卷書。王禹偁。

攝衣丈室參耆宿，陸　游。
獨泊扁舟望翠微。王　令。

訪古尋碑可消日，梅堯臣。
新詩美酒聊窮年。歐陽脩。

須憑精識能陶冶，韓　琦。
不欲塵累相追攀。蘇舜欽。

樓頭陰明變霞霧，蘇舜欽。
胸中雲夢更逶迤。蘇　軾。

柴門長閉春風暖，王安石。
玉塵閒揮白日長。歐陽脩。

擬攀飛雲抱明月，蘇舜欽。
忽逢佳士與名山。蘇　軾。

坐感歲時歌慨慷，王安石。
醉卧幽谷聽潺湲。歐陽脩。

月光水潔石榮净，歐陽脩。
句精墨妙氣怒豪。韓　維。

白雲已有終身約，蘇舜欽。
要路多逢後進人。徐　鉉。

不辭歌詩勸公飲，蘇　軾。
但自吟醉與世違。梅堯臣。

即事想多梅蕊句，范成大。
新春偷向柳梢歸。張　耒。

不惜珠璣與揮灑，秦　觀。
盡把江山博醉吟。陳　造。

四座歡欣觀酒德，黄庭堅。
一生襟抱與山開。陳與義。
地可登臨多恨遠，陸　游。
貴無功業未如閒。王禹偁。
池館虛明開水石，孔平仲。
文章浩渺足波瀾。王安石。
山鳥一聲清晝永，程　俱。
董風十里藕花香。沈　遼。
時有飄梅應得句，蘇舜欽。
每逢嘉客便開筵。韓　維。
他日相逢記裴度，韓　駒。
詩中自合愛陶潛。蘇　軾。
能傳身後須文字，李　覯。
且向尊前任醉醒。趙　抃。

滑稽且作先生友，韓　駒。
名姓已被賢者知。梅堯臣。
色深林表風霜下，黄庭堅。
身寄鷗波浩蕩中。陸　游。
偶問客年驚我老，范成大。
每思舊友取書看。陸　游。
無端酒思催吟筆，朱　熹。
猶有詩情謝故人。沈　遘。
契闊易驚成歲月，葉夢得。
醉吟今喜在江湖。孔平仲。
瘦竹枯松寫殘月，蘇　軾。
冷雲微雨濕黄昏。陸　游。
莫學古人悲暮節，徐　積。
直須樂事趁芳時。陳　造。

十年不赴竹馬約，蘇　軾。
五湖曾有片帆輕。張　詠。

坐覺風雷生謦欬，蘇　軾。
倦依松石弄清涼。韓　駒。

樓臺四望煙雲合，秦　觀。
草木一溪文字香。林景熙。

或面荒陂看鳧鴨，孔武仲。
敢書佃字注蟲魚。陳師道。

移酒近花坐明月，趙汝礪。
鳴機織苧遍山家。歐陽脩。

莫爲艱難歸故里，韓　駒。
自期談笑掃胡塵。陸　游。

正作詩時人莫喚，徐　積。
稍增書課夜初長。陸　游。

煙外川原誰繡畫，文　同。
胸中雲夢自逶迤。蘇　軾。

鄉閭禮讓已成俗，歐陽脩。
豺虎縱橫難息機。蘇舜欽。

始信春恩不私物，趙　抃。
要知吾輩未忘情。沈　遼。

翠壁長年懸布水，朱　熹。
小庭斜日倚闌干。陸　游。

多謝彩箋貽雅貺，余　靖。
且求濁酒寄清歡。陳與義。

一官倉庾真堪老，蘇　軾。
滿谷雲霞別是鄉。石　介。

誰念佳人在空谷，沈與求。
更乘逸興飛輕舫。蘇舜欽。

緑楊白鷺俱自得，梅堯臣。
紅雲野鶴本無求。范成大。
新詩宛見故人面，張九成。
渌酒聊驅萬古愁。蘇舜欽。
萬里中原空費夢，陳與義。
一簾細雨獨題詩。陳與義。
我知此必區靈異，晁沖之。
從今相與傲浮丘。鄒浩。
癡頑直爲多更事，陸游。
老健猶能不負春。陸游。
每爲後生談舊事，陸游。
急搜奇句報新晴。陳與義。
傾蓋當年真旦暮，范成大。
解衣相與面滄浪。鄒浩。

欄邊殘蘂猶堪賞，余靖。
醉裏微言却近真。蘇軾。
世亂可無閒地隱，張元幹。
夜闌難得一尊同。張元幹。
風煙遠近思高遁，蘇舜欽。
杯酒殷勤莫厭深。孫覿。
老松偃蹇若傲世，蘇舜欽。
古詩簡淡有遺音。陸游。
力行古義不願俗，張耒。
掃掩衆説猶除埃。梅堯臣。
春秋夏苗秋遂穫，戴復古。
酒酣思逸語更遒。歐陽脩。
已欣歲晚違良友，韓維。
莫向天涯説故鄉。鄭俠。

優游琴酒雜漁釣，歐陽脩。
閒拂塵埃勘鼎鐘。吴 儆。

積德已自三世種，蘇 軾。
悲歌聊倚一杯酣。朱 松。

風涵廣宇生虛籟，吴 儆。
月照浄練無纖埃。歐陽脩。

應作羲之羨懷祖，蘇 軾。
要知摩詰是文殊。蘇 軾。

釀酒烹雞留醉客，歐陽脩。
擁爐閉閤賦幽香。崔 鶠。

惟有山川爲勝絶，歐陽脩。
亦知草木有真香。朱 熹。

終歲杜門逃俗士，陳師道。
十年曹舍醉春風。林 逋。

停驂邂逅成清欵，劉子翬。
娱老謳吟放曠情。韓 維。

坐撣大句鄙凡近，韓 維。
領略古弦生新奇。黄庭堅。

好事風流有涇渭，黄庭堅。
故人牢落半滄洲。陳師道。

長笑右軍稱草聖，蘇 軾。
仍從太白問蛾眉。范成大。

得意可無山水助，晁補之。
言微都洩鬼神私。李 覯。

直言賈禍翻成福，李 光。
詩律傷嚴近寡恩。唐 庚。

世上小兒多忌諱，蘇 軾。
座中年少皆賢豪。歐陽脩。

江山良是人誰在，陸　游。
風月佳時事不休。陸　游。
酒美賓嘉足自負，歐陽脩。
水清石瘦便能奇。蘇　軾。
讀書有味身忘老，陸　游。
報國無功愧對顏。陸　游。
簾虛日落花竹静，梅堯臣。
風高月暗水雲黄。蘇　軾。
想有新詩傳素壁，黄庭堅。
始見瀑布懸蒼崖。梅堯臣。
詩成枕上常難記，陸　游。
天向梅邊有別春。范成大。
衆中論事歸多悔，陸　游。
醉裏題詩字半斜。陸　游。

少而寡欲顔常好，蘇　軾。
老不求名語益真。蘇　軾。
幽人無事長相見，程　俱。
佳客能來不費招。陸　游。
小窗誦詩燈花喜，陳與義。
寒泉觸石篆文紆。王　炎。
胸中慷慨外閒易，孔武仲。
海内艱難各飽更。陳與義。
解伹便爲閒處士，歐陽脩。
對花還作笑歌人。王　令。
老去交親雖暫捨，徐　鉉。
眼前尊酒未宜輕。黄庭堅。〔二〕
池館虛明開水石，孔平仲。
蓬萊清淺半桑田。蘇　軾。

意志軒騰脱羈縶，孔平仲。
交情把玩轉清新。汪藻。
抽身黃塵烏帽底，陸游。
及我青鞋布襪時。陸游。
及其放筆騁豪俊，歐陽脩。
想當逸氣吞江湖。王庭珪。
倚天照海花無數，蘇軾。
坐石聽泉日已斜。石介。
領略年光屬閒客，陸游。
留連山水住多時。王安石。
攝衣丈室參耆宿，陸游。
晞髮陽阿遇故人。秦觀。
黃花不負秋風意，陳與義。
白髮多從客路生。韓駒。

著書多暇真良策，蘇軾。
招隱何人肯見從。孔平仲。
客裏賴詩增意氣，陳與義。
筆端有力任縱横。戴復古。
荷鍤相隨種瑤草，戴復古。
沾衣却免歎斜陽。朱熹。
祇恐功名相迫逐，朱熹。
正緣風味得淹留。陳師道。
呼酒撚花談舊事，楊萬里。
搘笻野服是家常。趙抃。
晚歲猶思事鞍馬，陸游。
江樓獨自倚欄干。朱熹。
天爲念貧偏與健，陸游。
尊常有酒莫閒愁。陸游。

正自雲山鎖胸臆，程　俱。
仍嫌風月太清寒。范成大。

放歌狂飲不知曉，梅堯臣。
幽夢清詩信有神。蘇　軾。

書爲半酣差近古，陸　游。
詩緣獨學不成家。陸　游。

詩纔適意豈求好，陸　游。
語到真時不屬情。韓　維。〔三〕

世事極知多倚伏，陸　游。
浮生何必計升沉。蘇舜欽。

高文大論日傾吐，韓　維。
俊詞偉氣森開張。秦　觀。

但能有酒邀佳客，梅堯臣。
正恐無路逃虚名。韓　駒。

浮家泛宅非無計，張元幹。
飲酒食肉自得仙。蘇　軾。

高會不知清夜永，陸　游。
醉倒惟有春風知。蘇舜欽。

野色連雲迷稼穡，張　耒。
灘光和月瀉瓊瑰。蘇舜欽。

故遣幽人在空谷，蘇　軾。
各有華髮已垂顛。梅堯臣。

霜柑糖蟹新醅美，梅堯臣。
曲渚斜橋畫舸通。歐陽脩。

要知作詩如作畫，戴復古。
願渠無過亦無功。蘇　軾。

路絶塵埃非灑掃，李　覯。
勢與泰岱争雄尊。蘇　軾。

便向蛟龍覓雲雨，蘇　軾。
閒擁雪鶴登巖扃。孔武仲。

寶帶華纓真汝縛，陸　游。
蘆鞭席帽爲君留。范成大。

高亢可能稱獨行，林　逋。
江湖安得更相忘。陳師道。

時有好懷誇得句，范成大。
客來問字細論文。吴　儆。

莫學古人悲暮節，徐　積。
獨驚斯世擅風流。張　耒。

僻學固應知者尠，陸　游。
清規留與後人師。李　洪。

山頭娑娑弄明月，歐陽脩。
耳畔瀾翻聽異書。周必大。

我老尚能揮大盞，張　耒。
人知已是負初心。陸　游。

飲酒莫教成酩酊，邵　雍。
跨鞍聊得散疲頑。范成大。

句裏江山隨指顧，陳師道。
雨餘泉石長精神。孔武仲。

幾多怪石全勝畫，詹中正。
惟有明月常當空。梅堯臣。

屬詞比事有深意，朱　熹。
感事憂國空餘悲。陸　游。

時登絶逕步榆柳，孔武仲。
更與移牀入薜蘿。方　岳。

君亦細心從佛祖，蘇　軾。
寫以奇字伴史倉。周必大。

囊簡久藏蝌蚪字，蘇　軾。
貂裘夜走胭脂坡。蘇　軾。
白髮蒼顏心故在，范成大。
墨池書枕興無窮。范成大。
自慚把筆初成字，梅堯臣。
隨意收書不計貧。晁沖之。
契闊易驚成歲月，葉夢得。
拙疏何計補涓埃。范成大。
看花聽竹心無事，王安石。
秉燭揮豪氣尚遒。陸　游。
心知勝地都忘睡，張元幹。
獨試新爐自煮茶。徐　鉉。
世外清歡須邂逅，韓　駒。
天涯形貌各昂藏。陳與義。

校勘記

〔一〕原批「原用杜句」。
〔二〕原批「複」。
〔三〕原批「複」。

寒柯堂宋詩集聯四

越園遣興

往事暗驚如昨夢，釋惠洪。
新詩熟讀歎微言。樓　鑰。
抱瓮荷鋤非鄙事，劉克莊。
愁吟痛飲真吾師。汪元量。
自是清樽負明月，楊萬里。
猶有沙鷗識老夫。戴復古。
仕宦已忘如隔世，方　岳。
興亡不必問寒灰。鄭　震。
梅影舞風風舞雪，楊萬里。
月波成露露成霜。楊萬里。
文章有氣吞餘子，戴復古。
臭味相投屬我曹。鄭　霖。
去作諸侯老賓客，林光朝。
惟憂南畝廢農耕。余　靖。
且同月下三人影，蘇　軾。
洗空衣上十年塵。陸　游。
千古心期寒緑綺，何夢桂。
一簑煙雨濕黄昏。孫　覿。
人誰與語自緘口，劉克莊。
天予新詩合看山。王禹偁。
草木枝葉自殊致，文　同。
汀洲煙雨卷輕霏。文　同。

來從八桂三湘外，楊萬里。
踏遍千巖萬壑秋。汪　藻。

淹留恐後荒三徑，程　俱。
一醉真能出百篇。楊萬里。

急流勇退不肯顧，文天祥。
從仕居貧并作難。楊萬里。

春風入户如相覓，張　耒。
老夫於世本無求。蘇　軾。

誰知見事心先懶，趙師秀。
猶喜觀書目未花。趙　抃。

陋巷閉門常謝客，陸　游。
訟庭生草數開樽。陸　游。

夜月梅花頻入夢，何夢桂。
淡煙衰草莫憑欄。劉克莊。

花鳥總知春爛漫，王安石。
溪山信美暇徘徊。楊萬里。

眼中舊事煙雲散，釋道潛。
亂後篇章感慨多。王庭珪。

各持一觴勸公飲，韓　駒。
去買青山約我鄰。徐　照。

平生雅有乘桴興，唐　庚。
處士原無謗國心。劉克莊。

白恰青衫談不朽，謝　翱。
懷珠韞玉冷無塵。楊萬里。

翠帷暮捲佳人出，蘇　軾。
斷岸秋來浦溆通。韓　駒。

世味惟存詩澹泊，歐陽脩。
好月爲我光徘徊。汪元量。

本無物累那成癖，韓　駒。
早占清閒未是疏。趙師秀。

與子凌寒恣游眺，張　耒。
爲君點筆走風雷。釋惠洪。

偶客後死寧非幸，陸　游。
慚愧先生獨見機。陳傅良。

酒可消愁時得醉，陳　造。
人因見懶誤稱高。陸　游。

千古登臨增健筆，孔武仲。
幾山蒼翠擁煙鬟。陳　造。

落日江山宜喚酒，梁　棟。
緑陰門巷正藏鴉。張　耒。

山酒柏香春壽母，林景熙。
青鞋布襪我從公。楊萬里。

著書敢望垂千載，陸　游。
一醉真能出百篇。楊萬里。

更以新詩相獻侑，張　耒。
朅來世事懶經營。釋惠洪。

回首清游如昨日，程　俱。
一身無累似虛舟。徐　鉉。

欲話此懷須我輩，朱　松。
不應空谷滯斯人。樓　鑰。

青燈應見詩情苦，真山民。
高會何妨月影斜。韓　琦。

秋月春花出牙頰，楊萬里。
引筆行墨生煙雲。樓　鑰。

居士仁心到魚鳥，陳師道。
少年豪舉動京華。陸　游。

新月窺簾風動竹，張　耒。
青山解語水能談。戴復古。
斷無俗物敢排闥，方　岳。
縱非吾土且登樓。范成大。
道在不須驚契闊，釋道潛。
公餘多愛入林泉。王禹偁。
秋生疏雨微雲處，楊萬里。
人醉梅花竹影中。楊萬里。
林泉入夢吾當隱，陳與義。
魚鳥從游久息機。張　耒。
漢月輕雲相掩著，楊萬里。
小庭幽圃絶清佳。文　同。
心事已同鷗鳥白，許月卿。
壯懷猶向酒杯舒。沈　遘。

好事風流有涇渭，黄庭堅。
野人居處絶塵囂。王禹偁。
薄飯蕨薇端可飽，陸　游。
寒窗筆硯日相親。王　令。
有此瑰琦在巖壑，戴復古。
閒拂塵埃勘鼎鐘。吴　儆。
鍊句豈非林處士，劉克莊。
高吟不減謝宣城。梅堯臣。
懷才所忌多輕用，陸　游。
未老求閒愈覺賢。蘇　轍。
古人却向書中見，陸　游。
浮世無如枕上閒。陸　游。
戲驅萬變寄陶寫，程　俱。
空倚西風閲古今。鄭　震。

天涯已慣逢人日，蘇　軾。
名士真須讀楚詞。陸　游。

千古蒼茫青史夢，趙師秀。
十年風雨短檠寒。楊萬里。

間尋書册應多味，黃庭堅。
歸與親朋説舊游。張　耒。

紙帳蒲團地爐煖，楊萬里。
丹實碧花秋意深。陸　游。

已因積毀成高卧，陸　游。
隨分哦詩足散愁。楊萬里。

丈夫事業在簡册，謝　翱。
先生意氣尚青春。陳師道。

江山未放詩才窘，唐　庚。
濁酒不如交味深。真山民。

苦無妙句窺天巧，王　阮。
却對青山看畫圖。程　俱。

鶯歌花笑柳起舞，楊萬里。
句精墨妙氣怒豪。韓　維。

力行古義不願俗，張　耒。
偶發於詩亦有聲。劉克莊。

一春空負花前酒，林景熙。
華髮多於嶺上梅。唐　庚。

自喜軒窗無俗韻，朱　熹。
何曾鷗鷺不吾招。楊萬里。

路人行歌居人樂，蘇　軾。
荻茅深碧蔓芽青。范成大。

暫留客枕聽疏雨，葉夢得。
猶有詩情謝故人。沈　遘。

跡與世人殊静躁，歐陽脩。
胸吞雲夢略從容。黄庭堅。
青山久負當年約，韓　駒。
春水瀉入騷人懷。樓　鑰。
不曾文字饒群子，楊萬里。
同訪谿山有故人。孔武仲。
老氣十年看劍在，林景熙。
夜來一雨又秋生。楊萬里。
意古直摩軒昊頂，李　邁。
淳風還復羲皇初。陸　游。
遥想天人會方丈，蘇　軾。
閒擁雪鶴登巖扃。孔武仲。
獨坐每將詩作伴，張　耒。
百年聊與醉爲徒。方　岳。

朱闌緑竹相掩映，歐陽脩。
社燕賓鴻任去來。周必大。
歲月可驚吾輩老，方　岳。
林泉猶得半生閒。程　俱。
今古戰場誰勝負，楊萬里。
溪山風物且淹留。徐　鉉。
世事極知多倚伏，蘇舜欽。
閉門不復問窮通。劉克莊。
却擬臨池尋舊學，劉子翬。
時於觀物悟浮生。陳傅良。
晚歲猶思事鞍馬，陸　游。
出門聊復弄輕舟。陸　游。
江山有恨留青史，何夢桂。
天地無情負此翁。戴復古。

永懷京國舊游處，釋惠洪。
徙倚湖山欲暮時。陳與義。

愛竹少留枝策徑，陳　造。
借園偶近畫橋居。趙師秀。

鳴泉漱石寒蒲潔，翁　卷。
曲渚斜橋畫舸通。歐陽脩。

史策千年愧豪傑，周必大。
虛名一日動公卿。戴復古。

日消殘醉閒吟裏，朱　熹。
天遣斜風細雨來。楊萬里。

石勢向人森劍戟，蘇舜欽。
秋聲催曉起蒹葭。張　耒。

開尊細說平生事，朱　熹。
閱世空存後死身。梁　棟。

向來憂喜皆陳跡，劉子翬。
自愛棲遲近古人。林　逋。

五湖煙水三冬卧，楊萬里。
萬里雲霄一日程。楊萬里。

不矜富貴知餘事，孔武仲。
聊向漁樵寄此身。陳傅良。

秋月春花入牙頰，楊萬里。
青山白雲爲枕屏。歐陽脩。

已從子美得桃竹，蘇　軾。
且學湘纍拾菊英。陸　游。

貧有琴書聊自樂，王禹偁。
老來懷抱向誰開。楊萬里。

但得長年飽吃飯，楊萬里。
每逢佳客便開筵。韓　維。

故國淒涼人事改，蘇　軾。
黄金散盡故交疏。戴復古。
自笑行藏關氣數，林景熙。
早拼泉石入膏肓。文天祥。
事去空垂悲國淚，汪元量。
老閒猶有讀書心。釋惠洪。
正自雲山鎖胸臆，程　俱。
飽收風露入脾肝。真山民。
急流勇退不肯顧，文天祥。
身經目擊始知難。楊萬里。
關河滿眼風塵在，陳傅良。
草木一溪文字香。林景熙。
世事極知多倚伏，陸　游。
青山坐閱幾興亡。梁　棟。

曾有退之憐賈島，翁　卷。
勸參庾信謁陰鏗。楊萬里。
春客每到晴時改，徐　璣。
詩句多於馬上成。徐　璣。
老去謾餘公論在，張　擴。
忙懷難值故人傾。王安石。
正好尊前發孤笑，朱　熹。
獨憐歲晚欲何之。陳傅良。
睡覺秋風落桐葉，晁補之。
夢到君家賦小詩。戴復古。
卧看曉色忻初霽，朱　熹。
更遣飛花繡好春。楊萬里。
此身且健無餘恨，陸　游。
後世有人知此心。陸　游。

生怕幽芳怨孤寂，楊萬里。
側聽高論驚尋常。張　耒。
詩非易作須勤讀，劉克莊。
家不全貧肯賣文。黄公度。
流水短橋宜畫取，方　岳。
花催草唤又詩成。楊萬里。
養成心性方能静，徐　璣。
早占清閒未是疏。趙師秀。
坐覺風雷生謦欬，蘇　軾。
老無勛業惜年華。劉克莊。
小閣晝閒書帙亂，王　令。
禪房蕭森花木深。程　俱。
老猶奮筆排和議，劉克莊。
時無好漢共功名。劉克莊。

祇爲幽憂成老醜，樓　鑰。
應有好句懷煙霞。釋惠洪。
時有好懷詩得句，范成大。
酒能無悶妙於詩。戴復古。
白髮逢春醒復醉，韓　駒。
青溪繞屋花連天。蘇　軾。
浮名滿世真何用，楊萬里。
秋水黏天不自多。黄庭堅。
夜月梅花頻入夢，何夢桂。
西風落日怕登樓。何夢桂。
一年芳草東風老，文天祥。
千里江山白鷺飛。米　芾。
道在不須驚契闊，釋道潛。
心閒到處有真游。陳與義。

一帆歸客千條柳，徐　鉉。
萬壑松聲半夜風。戴復古。
山圍故國城空在，蘇　軾。
人立梅花月正高。趙師秀。
不惜珠璣與揮灑，秦　觀。
要從苦淡識清妍。朱　熹。
風雲失手劍光冷，何夢桂。
天地無情世運奇。何夢桂。
正自雲山鎖胸臆，程　俱。
盡吸瀟湘入肺腸。劉克莊。
百年耆舊如重見，林光朝。
千里江山負遠游。戴復古。
但欲有言扶國是，趙師秀。
從來不解入時宜。陸　游。

遺民忍死望恢復，陸　游。
夜窗和淚看輿圖。劉克莊。
旋出篇章陪樂府，林光朝。
肯將歌舞換風騷。林景熙。
青雲白石聊同趣，朱　熹。
幽夢清詩倍有神。蘇　軾。
林木蔽虧煙斷續，文天祥。
郊原高下水縱橫。陸　游。
高吟醉舞忘歸去，陸　游。
月色波聲喚夢回。楊萬里。
十年事業閒中過，何夢桂。
强半光陰醉裹銷。歐陽脩。
好詩衝口誰能擇，蘇　軾。
修竹成陰手自栽。朱　熹。

只應坐厭聽鼙鼓，王庭珪。
不惜餘歡盡酒巵。徐　鉉。

鄰請好事頻賒酒，黄公度。
目送孤鴻獨倚樓。劉子翬。

故假聲音助和氣，戴復古。
亦知草木有真香。朱　熹。

契闊易驚成歲月，葉夢得。
卷舒忽若無丹鉛。王庭珪。

燈火詩書如夢寐，黄庭堅。
松風澗水出肝腸。楊萬里。

自有琴書增道氣，孔武仲。
不愁封禪到梅花。謝　翱。

壯思不逢韓史部，晁沖之。
鬻書莫是穆參軍。劉克莊。

世事無憑多改變，戴復古。
宦游如夢記平生。楊萬里。

已因積毀成高卧，陸　游。
獨抱荒愁寄濁醪。林景熙。

閒來無悰喜自適，王　令。
秋邊有句説誰知。楊萬里。〔一〕

養成筆力可扛鼎，戴復古。
準備花時要索詩。劉克莊。

遠聞佳士輒心許，陸　游。
去買青山約我鄰。徐　照。

得意可無山水助，晁補之。
斯文非獨語言工。陳傅良。

已全真氣能從俗，徐　鉉。
自昔英豪忌苟同。劉克莊。

貪看野鷺橫秋浦，蘇　軾。
捲起珠簾上畫船。陸　游。
物外煙霞憐野逸，何夢桂。
雨餘泉石長精神。孔武仲。
誰遣塵埃空老去，楊萬里。
去許鷗鷺從公閒。謝　翺。
萬事盡從忙裏錯，戴復古。
幾人能共醉時歌。黃公度。
意足不求顏色似，陳與義。
言微都泄鬼神私。李　覯。
路人行歌居人樂，蘇　軾。
作詩容易改詩難。戴復古。
無端酒思催吟筆，朱　熹。
忽有書來問老人。楊萬里。

身隱免貽千載笑，劉克莊。
興來猶作少年狂。陸　游。
山纔入眼雲遮斷，楊萬里。
愁到濃時酒自斟。汪元量。
坐看中原落人手，林景熙。
老來懷抱向誰開。楊萬里。
狂吟爛醉君無笑，陸　游。
酒罷歌闌月正圓。方　岳。
吟有好懷忘瘦苦，徐　照。
髮因時事欲蒼皤。劉克莊。
遥想天人會方丈，蘇　軾。
盡驅山岳置眼前。王庭珪。
好景從游須好友，陳傅良。
學詩當如初學禪。韓　駒。

剩題詩句酬幽隱，釋惠洪。
盡把江山博醉吟。陳　造。

醉眠多似陶彭澤，張　耒。
衆論寧無班孟堅。方　岳。

聊伴詩人發幽意，楊萬里。
遥知秋色動吟魂。釋惠洪。

飲酒莫教成酩酊，邵　雍。
解纓聊後濯滄浪。方　岳。

樓高思遠天無極，方　岳。
風煖花香酒未消。方　岳。

文章有氣吞餘子，戴復古。
天地無情送白頭。何夢桂。

湖海浪游今已倦，劉克莊。
壺觴拜賜喜光傾。楊萬里。

拈出老謀開宇宙，楊萬里。
好留醉墨伴煙霞。戴復古。

閒有工夫憂世事，劉克莊。
老知書册誤人多。劉克莊。

史策千年愧豪傑，周必大。
文章餘力薄風騷。陸　游。

偶容後死寧非幸，陸　游。
纔得身閒即是仙。徐　照。

秋水精神出眉目，釋惠洪。
他鄉耆舊飽知聞。張　耒。

一日江山蒙筆力，陳傅良。
萬家燈火暖春風。王安石。

老猶奮筆排和議，劉克莊。
家不全貧肯賣文。黄公度。

惟愛滂沱洗煩熱，孔平仲。
早拼泉石入膏肓。文天祥。

横塘日暮林巒合，韓駒。
緑樹鶯啼春晝長。朱熹。

意匠經營極深夐，樓鑰。
文章浩渺足波瀾。王安石。

詩句對君雖出手，蘇軾。
横流無地寄斯文。陸游。

心如勝地都忘睡，張元幹。
煩向青山且寄聲。方岳。

平生憂患誠難測，陸游。
竟夕幽懷豈易聊。梅堯臣。

他日相逢記裴度，韓駒。
結交誰復許袁絲。蘇軾。

肩輿正好看山色，楊萬里。
聽雨猶能惜物華。陸游。

斷無俗物敢排闥，方岳。
貪看青山懶下樓。劉克莊。

滿眼碧波輸野鳥，王禹偁。
半簪華髮伴殘書。林景熙。

筆墨超然絶畦徑，樓鑰。
意氣相許披胸襟。樓鑰。

吾生焉往不三黜，方岳。
一醉真能出百篇。楊萬里。

江湖舊夢衣冠在，林景熙。
天地藏身歲月過。陳傅良。

凡事誰能隨物競，文天祥。
狂來有意與春爭。歐陽脩。

歲月可驚吾輩老，方　岳。
心意既得形骸忘。歐陽脩。
傾蓋當年真旦暮，范成大。
杖藜隨意小盤桓。朱　松。
萬事莫論兵動後，陳與義。
落花未抵春愁多。楊萬里。
聚散同驚一枕夢，陳與義。
風煙仍作故人看。方　岳。
春風豈識吟人恨，翁　卷。
白髮多從客路生。韓　駒。
向來憂喜皆陳跡，劉子翬。
如此江山是勝游。汪元量。
龍蟠虎踞江山在，楊萬里。
木落霜清鼓角高。歐陽脩。

校勘記

〔一〕原批「複」。

寒柯堂宋詩集聯五

左抽右取談笑足，蘇　軾。
玉節朱幡次第開。韓　駒。
龍虎精神金鼓氣，張　耒。
茶山衣盋放翁詩。戴復古。
不藏秋毫心地直，黄庭堅。
肯將俗物眼邊留。張　綱。
雲藏遠岫茶煙起，王庭珪。
日高華屋春夢殘。李彌遜。
本無物累那成癖，韓　駒。
終不求人更賞音。鄭思肖。
俗學風波能自拔，黄庭堅。

越園遺興

斯文崩壞歎横流。陸　游。
大節弗污千載史，陸　游。
一尊聊發少年狂。汪　藻。
筆墨超然絶畦徑，樓　鑰。
工夫深處却平夷。陸　游。
朝市山林俱有累，黄庭堅。
夢幻去來隨所遭。蘇　軾。
或云靈境歸賢者，蘇　軾。
不信儒冠誤此生。李　新。
書爲半酣差近古，陸　游。
詩由廣舌不憂乾。吴　潛。

往事未知誰可語，董嗣杲。
吾儕持此欲安歸。陸　游。

末俗風波尤浩渺，黃庭堅。
老年心緒喜滄洲。韓　淲。

天寒酒薄難成醉，楊徽之。
柳絮榆錢不當春。蘇　軾。

遲晚識君真幸會，吕南仲。
飢飽在我寧關天。蘇　軾。

杜門謝客恐生謗，黃庭堅。
暇日登樓好著書。洪　朋。

好事風流有涇渭，黃庭堅。
憂時肝膽尚輪囷。陸　游。

我生百事不挂眼，蘇　軾。
坐視萬物皆浮埃。蘇　軾。

江葉黃花秋正亂，蘇　軾。
風起雲湧山疑浮。周　密。

江山有恨英雄老，吴　淵。
天地無私花柳春。黃庭堅。

身必静休猶是病，王　洋。
交無早晚在相知。黃庭堅。

禪高何待音聲悟，董嗣杲。
醉倒正欲蛾眉扶。蘇　軾。

園中草木春無數，蘇　軾。
水際風光翠欲流。蔡　襄。

春風春雨花徑眼，黃庭堅。
江北江南稼滌場。黃庭堅。

平生我亦輕餘子，虞　儔。
多難君知久鮮歡。蘇　轍。

躄踏鮑謝跨徐庾，蘇軾。
包攬今古窮炎黃。張耒。

微風不動天如醉，黃庭堅。
銀漢無聲露欲垂。孫復。

莫因老驥思千里，蘇軾。
曾爲梅花醉十年。陸游。

推愁不去如相覓，韓駒。
與世無求非絶交。李昭玘。

東風無跡秀芳草，李若水。
青山一髮是中原。蘇軾。

文章末技知何用，呂南仲。
丹青妙處不可傳。黃庭堅。

得鹿亡羊等嬉戲，蘇軾。
小橋流水即滄洲。游酢。

風捲微雲分遠岫，徐鉉。
天寒落日淡孤村。蘇軾。

冷眼慣看平地險，方夔。
倦飛原怯九霄寒。陸游。

十年揩洗見真妄，黃庭堅。
萬象縱横不繫留。黃庭堅。

白足赤髭迎我笑，蘇軾。
江梅山杏爲誰客。蘇軾。

風光向人但嫵媚，仲并。
玄化變態舍空濛。陸游。

閲盡時人身亦老，蘇轍。
網羅勝賞得編多。華鎮。

遥憐兵火暗跌蕩，程公許。
獨卧柴荆阻獻酬。王安石。

希世强顏心自愧，陸　游。
清談絶倒古無傳。陳師道。

孤舟出没煙波裏，蘇　軾。
蒼崖半入雲濤堆。蘇　軾。

更尋齒下微妙訣，晁補之。
始覺閒中滋味長。范成大。

起傍梅花讀周易，魏了翁。
醉入東海騎長鯨。陸　游。

雕鎪苦欲覷天巧，李彌遜。
意氣相許披胸襟。樓　鑰。

萬里秋風菰菜老，陸　游。
一簾紅雨杏花飛。華　岳。

載酒誰過揚子宅，楊　億。
挽鬚聊聽野王箏。魏　泰。

漫有詩歌喧衆口，胡　寅。
敢將衰朽較前賢。蘇　軾。

種竹野塘春筍脆，王禹偁。
捲簾池館水禽飛。王　操。

俗學風波能自拔，黄庭堅。
得意魚鳥來相親。蘇　泂。

好詩衝口誰能擇，蘇　軾。
特立敢言人所難。李師中。

舟人水鳥兩同夢，蘇　軾。
落花胡蝶作團飛。蘇　軾。

指點蒼崖訪遺刻，邢　恕。
招呼明月到芳尊。蘇　軾。

花鳥共隨人酩酊，韓　淲。
江山爲助筆縱横。黄庭堅。

青山缺處日初上，陸　游。
高柳陰成草自長。韓　琦。
已嗟後會歡難必，王安石。
獨喜交情久益深。洪　适。
掀逐笑語無不可，蘇　軾。
繁豔清香自得之。韓　維。
人生不才果爲福，黄庭堅。
世間絶藝誰能窮。王　阮。
月明夜静聞環珮，李　質。
龍吟虎嘯隨風雲。黄庭堅。
欲圖江色不上筆，張　光。
但聽松風自得仙。陸　游。
卓犖才名今日事，王安石。
從容居士宰官身。程　俱。

久知出處平生共，蘇　轍。
静對琴書百慮清。朱　熹。
緑鬢朱顔君勝我，楊萬里。
高歌大笑聲摩空。李彌遜。
獨立千載誰與友，蘇　軾。
横流無地寄斯文。陸　游。
愛畫工夫亦成癖，黄庭堅。
閉門高卧不緣貧。陳師道。
應須緑酒酬黄菊，王安石。
卧看蒼虬擾白雲。敖陶孫。
清游始覺心無累，王安石。
歸來聊以醉自娱。陸　游。
十丈戰塵孤壯志，陸　游。
一曲短笛横秋風。方　夔。

天下可憂非一事，陸　游。
世間何處著斯人。王庭珪。

田園自樂陶元亮，戴復古。
癡疾還同顧長康。蘇　軾。

相逢一笑無餘事，陳　淵。
又結來生未了因。蘇　軾。

末俗陵遲稀獨立，陸　游。
歸途邂逅得尋幽。劉子翬。

獨依古寺種秋菊，蘇　軾。
醉卧西窗聽夜濤。李昭玘。

品題印可喜所遇，袁説友。
淡妝濃抹總相宜。蘇　軾。

已潔心源超世表，徐　鉉。
種成桃李滿人間。李　絢。

書當快意讀易盡，陳師道。
事不驚人味久長。黄庭堅。

領略溪山須妙理，韓元吉。
發揮春色有新詩。秦　觀。

直侔造化亦包體，孔平仲。
漫與詩篇慰藉春。虞　儔。

絶世本來希獨立，陸　游。
迂儒豈足助維新。周必大。

漫誇年少客吾在，蘇　軾。
長願兒生有母憐。李彌遜。

好山當户碧雲晚，張　綱。
秋月下照澄江空。黄庭堅。

旋傾樽酒臨清影，蘇　軾。
時引笙歌入醉鄉。陳仲平。

指點蒼崖訪遺刻，邢　恕。
發揮春色有新詩。秦　觀。

新詩必有江山助，李　洪。
晚歲猶存鐵石心。蘇　軾。

一篇向人寫肝腑，蘇　軾。
四時轉景是風煙。張　侃。

琵琶絃急冰雹亂，陸　游。
江湖水生鴻雁來。蘇　軾。

舊喜作詩今已懶，楊萬里。
君自起舞吾能歌。華　岳。

奔走正忙詩更好，趙鼎臣。
酒杯雖淺意殊深。蘇　軾。

自有笑談供逸氣，司馬光。
故應賓主盡詩人。黃庭堅。

山人帳空猿鶴怨，蘇　軾。
極浦浪轉魚龍游。張　鎡。

舊游似夢徒能說，蘇　軾。
湫隘雖微亦自珍。陸　游。

夢幻百年隨逝水，黃庭堅。
詩書萬古付孤斟。陸　游。

追教存亡異憂樂，黃庭堅。
更論甘苦爭妍媸。蘇　軾。

夜雨何時聽蕭瑟，蘇　軾。
送春無意惜芳菲。章　峴。

城郭宛然人未老，李　新。
江湖粗了我竟歸。蘇　軾。

會與江山成故事，蘇　軾。
却卷波瀾入小詩。蘇　軾。

青山不逐市朝改，黄庭堅。
吾輩空懷畎畝憂。陸　游。

論文作賦俱不敵，蘇　軾。
勝概閒情雙有餘。司馬光。

我生微尚在丘壑，司馬光。
老年心緒喜滄洲。韓　淲。

黄花無語秋將暮，周　孚。
新月未出星滿天。陸　游。

顛倒筆硯理書帙，袁説友。
嘲吟草木調蠻獠。蘇　軾。

獨捲珠簾望春色，喻汝礪。
深斟杯酒納山光。范成大。

家世應傳清白訓，真　宗。
典型猶識老成人。韓　駒。

自經溝壑非吾事，陳文龍。
馳譽丹青有古風。鮑慎由。

連山向晚更嫵媚，洪　朋。
少日結交皆老蒼。蘇　軾。

宴寢清香與世隔，黄庭堅。
樓臺如畫占山多。張　藴。

天於萬物定貧我，黄庭堅。
眼高四海空無人。蘇　軾。

且與揚雄説奇字，蘇　軾。
欲問東坡學種松。蘇　軾。

幽鳥一聲春夢斷，黄順之。
青山滿眼故園非。孔平仲。

但使樽中常有酒，黄庭堅。
應緣霜後苦無花。蘇　軾。

萬物皆春人獨老，楊萬里。
四時之樂渠未央。米芾。

老逢樂事心猶壯，黃庭堅。
節慕古人讒愈來。陸游。

樂意相關禽對語，石延年。
勝游無礙腳誰輕。蘇軾。

玉琴在牀酒在手，周密。
菘芥可菹芹可羹。陸游。

過門多是陳驚座，王洋。
好句真慙趙倚樓。陸游。

軒窗高下有奇致，唐仲友。
雲物點綴多餘妍。陸游。

胸奇百鍊當活國，范成大。
心醉六經還荷鋤。黃庭堅。

粗言細語都不擇，蘇軾。
山觴水酌兩皆宜。楊萬里。

盡捲簾旌延竹色，范成大。
看臨古帖對梅枝。高似孫。

吾輩相從貴真率，韓淲。
世事何曾有是非。陸游。

明月照人山霧合，韓挺。
天風吹我襟懷香。黃裳。

千年避世朝市改，黃庭堅。
一笑出門天地寬。方逢辰。

痛飲從今有幾日，蘇軾。
酒戰猶能敵百夫。張及。

平生得意無人會，黃庭堅。
尊酒一笑期君同。袁說友。

坐閱雲陰變昏曉，張　擴。
如與蟪蛄語春秋。蘇　軾。

花深忘却來時路，鄒登龍。
興盡聊隨落照還。孫　覿。

方外采真欣淡泊，華　鎮。
胸中無地著塵埃。戴復古。

十里江村入圖畫，晁公武。
一揮水墨先淋漓。蘇　轍。

狂歌且寄草堂客，華　鎮。
軒冕寧容我輩人。王之道。

貪看野鶩橫秋浦，蘇　軾。
空羨閒鷗卧水陰。林景熙。

從來佳茗如佳什，周必大。
只將春睡賞春晴。蘇　軾。

沽酒獨教陶令醉，蘇　軾。
掉丹空訪戴逵回。劉　筠。

谷泉噴薄秋逾響，朱　熹。
豪氣峥嶸老不除。蘇　軾。

奔走正忙詩更好，趙鼎臣。
舊游誰在事皆非。樓　鑰。〔一〕

由來白髮生無種，黄庭堅。
欲折黄花寄所思。林景熙。

諸公誰聽芻蕘策，陸　游。
一點不受泥沙渾。鍾孝國。

文章最忌落人後，黄庭堅。
臭味相投屬我曹。鄭　霖。

湖光寫出千峰秀，楊　時。
佳客時來一座傾。釋道潛。

笙竽眇窈度谿谷，蘇轍。
氣象寂寞餘山川。歐陽脩。
目想儤功追往事，王安石。
手梟逆賊清舊京。陸游。
賴有高樓能聚遠，蘇軾。
每逢佳處便參禪。蘇軾。
富貴賤貧俱有恨，陸游。
聲名官職兩無多。陸游。
出游恥懷禰衡刺，陸游。
不飲何憂廣客蛇。洪邁。
萬卷古今消永日，陸游。
一家寥落共清風。黄庭堅。
此事何如食鷄肋，蘇軾。
幾生修得到梅花。謝枋得。

不信浮名是身累，張詠。
相從小飲任天真。司馬光。
老去獨收人所棄，蘇軾。
山好誰知畫亦難。黄鵬飛。
强對黄花飲白酒，蘇軾。
閒穿密竹岸烏巾。陸游。
駿馬名姬如昨日，陸游。
銅鐶玉鎖鳴春雷。蘇軾。
行遍天涯千萬里，陸游。
且戲人間五百年。陸游。
詩情渺與江湘迴，華鎮。
勝勢兼隨翰墨回。王安石。
一水碧羅裁繚繞，王安石。
千崖青靄落潺湲。王安石。

羯鼓手匀風雨急，陸　游。
江湖水生鳴雁來。蘇　軾。

握手百憂空往事，王安石。
解顔一笑盡天真。李　新。

習氣未除惟痛飲，陸　游。
槖金盡散只留詩。林公綽。

咫尺煙林展圖畫，李　洪。
潺湲流水繞亭臺。張爵民。

時豐笑語春聲早，王安石。
地迥闌干夕照多。耿時舉。

半篙寒碧秋垂釣，陳與義。
萬疊嵐光冷滴衣。于　石。

遠引江山來控帶，王安石。
杳無車馬送塵埃。王安石。

昨夢已論三世事，蘇　軾。
秋風又老一年詩。樂雷發。

隨家所有自可樂，司馬光。
買宅相招亦本謀。王安石。

青山缺處日初上，陸　游。
落葉滿階蟲正鳴。李　維。

親舊相逢半悲喜，張　擴。
瘡痍猶在豈謳吟。王安石。

深谷婉麗發春態，李彌遜。
清鏡照耀涵朱顔。歐陽脩。

京洛風塵嗟阻闊，王安石。
華夷險要豈山川。楊萬里。

一紙新詩弔興廢，蘇　軾。
十年閒事付漁樵。王庭珪。

樹含宿雨紅初入，王安石。
雲傍遠山閒自歸。馮時行。

惟有江山難入手，蘇　軾。
應知時命不關身。王安石。

故交重趼恩何厚，王安石。
羈客多傷涕自揮。王安石。

煙樹遠浮春縹緲，張　耒。
江樓豪飲夜淋漓。陸　游。

膏澤未施空謗怨，王安石。
文章自足欺盲聾。蘇　軾。

白魚赤蟹箸屢下，蘇　軾。
蓴脆鱸肥酒細傾。周　邲。

白髮重來故人盡，蘇　軾。
青山斷處落霞明。洪　朋。

獨依古寺種秋菊，蘇　軾。
煩向蒼煙問白鷗。范成大。

景物眼前渾似舊，吴　儆。
江湖他日要相忘。王安石。

坐閱雲陰變昏曉，張　擴。
起看天地色淒涼。王安石。

遥聞詩酒皆推勝，蘇　轍。
獨喜弦歌有嗣音。王安石。

直言賈禍翻成福，李　光。
遺金滿籯常作災。黃庭堅。

俗學風波能自拔，黃庭堅。
平生忠義只心知。王庭珪。

危身已著當時節，王　洋。
慰我應多别後文。王安石。

零雨已回公旦駕，魏　泰。
中流應動祖生心。李彌遜。
三徑欲歸無舊業，王安石。
一尊相屬送流光。陸　游。
明月長圓無晦朔，蘇　軾。
浮雲萬態變朝昏。曹　輔。
煙霞明滅心逾遠，韓　滮。
山翠空濛畫不開。朱　熹。
直作造化并包體，孔平仲。
不作諸家細碎詩。孔平仲。
如我自觀猶可厭，蘇　軾。
若非同伴莫相尋。釋文珦。
長橋踏月隨幽伴，孫　覿。
春草催詩尋夢來。張　擴。

飛花有意能留客，曹　緯。
落葉起舞驚棲鴉。黃庭堅。
塵土生涯休蕩滌，王安石。
江湖杯酒惜逡巡。王安石。
舊交猶有青山在，蘇　泂。
陳跡非無勝事尋。王安石。
寶馬俊游春浩蕩，陸　游。
竹窗無寐月嬋娟。王禹偁。
已向歌謠挹和氣，家鉉翁。
更添松竹作壽星。樓　鑰。
傷心風月詩應瘦，王　柏。
回首功名世自勞。王安石。
落筆縱橫中自喜，蘇　轍。
汗青得失更誰論。劉子翚。

桑柘如錢柳如雪，李彌遜。
龍根爲脯玉爲漿。蘇　軾。
半窗圖畫梅花月，趙　范。
一片江湖草樹秋。王安石。
烟外遥聞一聲笛，釋文珦。
腹中嘗記五車書。王安石。
止酒無聊還自笑，陸　游。

校勘記

〔一〕原批「去」。

上山如飛嗔人扶。蘇　軾。
白髮未除豪氣在，陸　游。
交情稍重怨恩多。方　夔。
放懷自事如初服，王安石。
信手拈得俱天成。蘇　軾。
幽尋勝踐我亦喜，王　灼。
壯觀絶致誰争妍。袁説友。

寒柯堂宋詩集聯六

越園續編

重游勝處追前賞，釋道濳。
獨取妙語傳新詩。蘇　轍。

意諧獨有清風共，孫　毅。
事少緣無俗客來。張　侃。

古意今情兩堪掬，董嗣杲。
壯觀絶致誰争妍。袁説友。

鄰諳好事頻賒酒，黄公度。
盤有嘉蔬不采薇。王安石。

懷舊暗驚秋雁過，蘇　轍。
閒情只許落花知。許元發。

筆端幻出滄洲趣，李彌遜。
醉後分題爛漫書。許月卿。

共陪尊俎無虚日，司馬光。
不負雲山賴有詩。范仲淹。

叩舷長歌心益壯，林亦之。
詩賊無期夢自驚。張　綱。

亂雲衰草蒼茫外，蔡　戡。
耘笠漁蓑笑語中。鄭　俠。

憂國不知身暗老，袁説友。
多才終恐世相縻。蘇　軾。

傾瀉向人懷抱盡，蘇　轍。
低回今日笑言同。王安石。

閒情恐被春將玄，黃庭堅。
妙思能發神所緘。劉才邵。

樓高思遠天無極，方岳。
風起雲湧山疑浮。周密。

人思故國迷殘照，寇準。
風約疏梅度晚馨。張孝祥。

虛名已出諸公右，董嗣杲。
筆力大可千人兼。沈遼。

一丘奇興心猶遠，廖行之。
萬物無聲夜向闌。歐陽脩。

幸有江山聊助思，蘇舜欽。
不愁風月衹憂時。羅椿。

碧流清泚弄明月，鄭至道。
曲檻縈迴帶晚風。陳堯叟。

野興已隨芳草遠，陳知柔。
清風應為故人來。呂頤浩。

春風和氣見眉宇，董嗣杲。
墮蕊飄香入酒杯。仁宗。

笙竽眇窈度谿谷，蘇轍。
麒麟埋没幾春秋。王安石。

句成落絮飛花裏，許志仁。
寒到雲窗霧閣中。楊萬里。

竹樹幽深皆可老，李洪。
江山雄麗信宜人。蘇轍。

白髮尚堪供語笑，陳師道。
青山坐閱幾興亡。梁棟。

萬里尋山如野鶴，蘇轍。
一生浪跡似虛舟。馮時行。

筆下縱橫發天巧，張　擴。
柳邊駘蕩受春華。孫　嵩。

東園載酒西園醉，劉　翰。
窗前流水枕前書。李九齡。

節物催人教老去，楊萬里。
江山無主祇傷今。洪　适。

益思張膽論時事，劉才邵。
誰其緘口罷游談。廖行之。

載酒誰過揚子宅，楊　億。
讀書空滿惠生車。張商英。

臨風遐想成惆悵，王之道。
袖手觀時任屈伸。胡　寅。

舊雨不來從草緑，楊萬里。
執杯未飲已詩成。司馬光。

山蹤水跡本游戲，袁説友。
野客高僧獨往還。沈　遘。

升沈不改交情見，蘇　頌。
心意既得形骸忘。歐陽脩。

新秋風物俱堪賞，楊萬里。
勝日清樽想屢開。姜特立。

歲晚漸於詩興好，袁説友。
散歸想見醉顏酡。陸　游。

一院有花春晝永，李　昉。
五湖新隱水雲寬。劉子翬。

脩筠亂石一徑静，韓　淲。
桃花流水小橋斜。章　淵。

功業豈關雙鬢事，李　洪。
行藏留與後人看。虞　儔。

卷舒由我真齊物，徐　鉉。
衰老無心强著書。蘇　轍。

酒餘落筆已殊絶，蘇　庠。
醉中得句若飛來。范成大。

身老方知生計拙，黄　庚。
兵興敢避科徭多。李　光。

浮雲捲盡暮天碧，邢居實。
緑樹陰低春晝長。張　耒。

喬木幽人三畝宅，黄庭堅。
野花啼鳥一般春。陳　搏。

義理所在無今古，黄　裳。
谿山相照絶塵埃。蘇舜欽。

上下亭臺煙雨外，仲　并。
卷舒雲雨襟袖間。胡　寅。

醉來身外窮通小，蔣之奇。
老覺平生事業非。吕本中。

讀書一生空自笑，蘇　轍。
落筆四座驚有神。徐似道。

相逢憔悴干戈後，趙　鼎。
猶帶湖山草木香。李　石。

四海八荒莽跌宕，洪　朋。
千巖萬壑争追隨。袁説友。

江山入手要彈壓，程公許。
草木逢春自品題。李彌遜。

筆落春生變寒谷，張　維。
月明天籟滿秋空。曹　組。

人静獨聞幽鳥語，寇　準。
酒香先過野橋風。毛　滂。

四海交游多契闊，釋文珦。
百年强健長追歡。胡仲弓。

穀垂乾穗豆垂角，王觀。
月滿空山水滿潭。朱熹。

漫有詩歌喧衆口，胡寅。
盡收風景入豪端。張逢原。

黄花無語秋將暮，周孚。
落葉滿階蟲正鳴。李維。

忍向塵勞磨歲月，程公許。
要令丘壑藏心胸。方夔。

孤劍青鞵出巖户，祖世英。
落花啼鳥滿汀洲。吴充。

江山依舊歲時改，黄庭堅。
出處雖殊趣舍同。蘇頌。

聽説艱虞各悲痛，吕南仲。
擺落浮僞存精誠。劉才邵。

物識儻來忘世累，華鎮。
詩成有味付誰看。張擴。

尊前且鬭閒身健，胡景裕。
醉後能令秋氣春。蘇轍。

萬里江山來醉眼，王珪。
一簑煙雨荷春鋤。孫覿。

胸中豪氣不可狀，李昭玘。
花外幽禽自在啼。李質。

水如香篆船如葉，沈括。
山作屏風雲作籬。范浚。

白蘋香散東風起，寇準。
水閣寒多酒力微。胡宿。

地靈自有煙霞勝，華　鎮。
詩好争傳格律嚴。董嗣杲。

欲談往事無耆宿，孫　嵩。
且樂游山趁壯年。董嗣杲。

酒美賓嘉足自負，歐陽脩。
筆精墨妙與天通。張孝祥。

痛哭恨無裨國論，張　侃。
感懷徒有濟時心。華　岳。

有心報國從招禍，華　岳。
暇日登樓好著書。洪　朋。

熟諳世味心如水，張九成。
每欣奇觀身欲飛。袁説友。

試展畫圖清俗眼，陳世義。
便傾襟抱付深觴。呂南仲。

餐霞服氣浪自苦，從敏修。
藺席布搨便吾慵。張　鎡。

豪傑雖窮留氣在，劉克莊。
世途多故踐言難。歐陽脩。

邂逅高人來説法，蘇　轍。
蕭條江縣去鳴弦。王安石。

結習已空摩詰訣，虞　儔。
眼光新困仲宣樓。李　新。

劇談抵掌振林谷，方　夔。
脱巾散髮謝氛埃。陸　游。

筆墨超然絶畦徑，樓　鑰。
溪山好處須從容。家鉉翁。

揮灑工夫通恍惚，華　鎮。
脱略凡韻生新奇。謝　邁。

臥向空齋思勝侶，王　洋。
閒收落葉煮山茶。寇　準。

蹉跎莫遺韶光老，翁　森。
笑語不知清夜徂。蘇　轍。

一樽可飲何妨痛，趙鼎臣。
萬竅有聲皆是詩。林景熙。

酒半停杯問鬚髮，陳傅良。
筆端摛藻飛瓊琚。吕頤浩。

海闊山高百程送，蘇　軾。
酒熟花開二月時。歐陽脩。

直言賈禍翻成福，李　光。
厚價收書不似貧。陸　游。

相知四海孰青眼，謝　逸。
憂時百念可灰心。廖行之。

常虞涉世傷坦率，胡　寅。
不能與俗相迎將。吕祖謙。

疊嶂疏林入圖畫，盧　襄。
層巒秀壁撑晴空。盧　襄。

雅興直須窮勝賞，范純仁。
客游還喜共周旋。趙鼎臣。

煙波乍見心先快，程　顥。
去住無心指一彈。馬先覺。

賴有清吟消意馬，楊　億。
攬將奇思援孤琴。董嗣杲。

妙年歷落出塵想，方　夔。
詩句縱橫入酒杯。黄庭堅。

草木枝葉自殊致，文　同。
江湖蹤跡早成陳。戴復古。

慘别翻令詩句鈍，虞　儔。
依棲還傍故人來。呂頤浩。
客裏賴詩增意氣，陳與義。
人間知足得逍遥。華　鎮。
聊開禊席臨流水，章　峴。
獨倚衡門看遠山。王　埜。
佳木盡從方外得，蘇　軾。
柴荊肯爲俗人開。朱　熹。
風物晴和人意好，徐元杰。
干戈時節賞心闌。郭　印。
波暖浮鷗翻素影，郭　印。
月明庭竹響清風。張孝祥。
吐鳳雕龍乃餘事，洪　朋。
微吟清嘯有孤懷。孫　嵩。

一笑不須論聚散，范成大。
幾人猶得守林丘。劉　宰。
景逢佳處須行樂，華　岳。
物到不平終作聲。華　岳。
龍跳虎卧雄相湊，華　鎮。
林影溪光澹自如。張　栻。
飄零世路詩千首，胡致隆。
惆悵東風酒百壺。司馬光。
笑殺鴟鳶争腐鼠，李　新。
擬將孤劍斬長鯨。呂頤浩。
心事正須豪傑道，胡仲弓。
功名莫信鬼神慳。王安石。
就禄勉持毛義檄，張商英。
挽鬚聊聽野王箏。魏　泰。

回念壯游多契闊，胡　寅。
每慙識面尚生疏。林亦之。
湖上幽人想如昨，釋道潛。
尊前風味獨宜秋。楊萬里。
中原入望堪垂涕，虞　儔。
關樹無多亦厭兵。林景熙。
雲天意氣生懷抱，廖行之。
文字追隨落醉吟。文天祥。
刊落陳言付芻狗，王　邁。
護持新筍似嬰兒。劉克莊。
雨篷煙棹征帆遠，晁公武。
歲晚山深過客稀。釋惠洪。
祇爲幽憂成老醜，樓　鑰。
本來清尚只雲泉。楊萬里。

濺作珠璣飛作雪，楊萬里。
近遮草樹遠遮山。楊萬里。
清言妙喻間詼謔，司馬光。
瑰姿逸態成崛奇。劉　攽。
雲藏遠岫茶煙起，王庭珪。
花落一溪春水香。陸　游。
壯心未展傷遲暮，李彌遜。
詩料空多難剪裁。華　岳。
出人意表發高論，劉克莊。
馳譽丹青有古風。鮑慎由。
正欲清言聞客至，陸　游。
想見妙語如春温。陳　淵。
老去興懷空繾綣，袁説友。
倦來平卧看雲煙。文天祥。

揮豪萬事不作意，喻汝礪。
吟詠千篇亦造微。富　弼。
旋移泉石成雲壑，陳仲平。
但屈心情入酒杯。蘇舜欽。
白髮思春醒復醉，韓　駒。
桃花流水古猶今。歐陽澈。
妙手可傳詩外意，吕本中。
壯心偶傍醉中來。蘇　洵。
千里雲山通夢想，馮時行。
九秋天地入吟魂。王　珪。
樽中有酒須招客，李　光。
簾底微風欲動燈。梅堯臣。
煙銷日出皆詩句，楊萬里。
燈影書聲共水樓。林景熙。

遠聞佳士輒心許，陸　游。
想見先生多好賢。黄庭堅。
文章初不計工拙，陳　淵。
時事誰能問是非。蘇　轍。
桃李不言應感舊，洪　适。
林泉成趣亦題詩。釋惠洪。
止酒無聊還自笑，陸　游。
愛山成癖非兒癡。黄人傑。
滑稽且作先生友，韓　駒。
故舊難忘少日情。方　岳。
幽鳥一聲春夢斷，黄順之。
奇書千卷客囊空。黄　裳。
英雄陳跡千年在，潘　檉。
人世機心一笑忘。華　鎮。

有時携酒探幽絶，歐陽脩。
頻來借拓伴高閑。沈遼。
老驥骨奇心尚壯，歐陽脩。
衆花飄盡野猶香。蘇轍。
煙波坐覺胡塵遠，蘇轍。
笑語不知清夜徂。蘇轍。
珠酬玉唱兩相尚，黄人傑。
勝概閒情雙有餘。司馬光。
各有田園蕭散意，李石。
時吐豪端浩蕩春。釋惠洪。
薄宦驅人成老大，李埴。
黄金無術治流年。宋祁。
城郭宛然人未老，李新。
湖山相對眼終青。蘇洞。

水帶雲衣猶在眼，祖世英。
詩豪酒聖難争鋒。黄庭堅。
半塢寒雲抱泉石，郭祥正。
滿幅大草飛龍蛇。徐珩。
春回兩點溪聲裏，楊萬里。
夢落山光水色中。釋文珦。
顛倒筆硯理書帙，袁説友。
整齊篆籀飾牙籤。洪适。
寸心祇恐孤天地，翁定。
時事誰能問是非。蘇轍。
莫對青山談世事，劉仙倫。
好來平地作神仙。魏野。
壯心未展傷遲暮，李彌遜。
群憂散盡增激昂。王之道。

蘭如君子蕙如士，陳鑒之。
風宜清夜露宜秋。錢維演。
庭草不除生意足，趙汝騰。
社甕欲熟浮蛆香。蘇庠。
故國淒涼人事改，蘇軾。
秋容細碎樹枝紅。李覯。
斯文自屬吾黨事，韓駒。
一尊聊共此時心。文天祥。
白石清溪自瀟灑，劉才邵。
紅蕖緑篠媚滄浪。蔣堂。
秋水已清天更碧，董嗣杲。
緑波如畫雨初晴。方岳。
不見纖塵落幽抱，黄裳。
誰言巧宦勝閒居。洪适。

江山信美因人勝，陳師道。
丹青妙絶當誰知。蘇轍。
萬籟參差寫明月，黄庭堅。
百年心事倚危樓。馮時行。
付我江山須領略，曹彦約。
陪公清話許忘年。胡寅。
白髮尚堪供語笑，陳師道。
一生寧肯顧恩讎。杜衍。
卓犖才名今日事，王安石。
塊瑋宏傑萬夫望。張耒。
春風和氣見眉宇，董嗣杲。
鐵面苦口談詩書。張孝祥。
因循樽俎疏相見，黄庭堅。
多少江山惜倦游。宋伯仁。

家貧無酒願鄰富，黃庭堅。
詩成有味付誰看。張　擴。

每疏歌酒緣多病，范仲淹。
未遍湖山擬細尋。毛　滂。

壯士有懷時拔劍，程公許。
橐金盡散只留詩。林公綽。

浮言近意不歷口，梅堯臣。
感事憂國空餘悲。陸　游。

契闊易驚成歲月，葉夢得。
邂逅便與同襟期。釋道潛。

靜觀世變慵招隱，韓　淲。
肯對花時負勝游。楊希元。

倦游已夢莊生蝶，洪　邁。
痛國誰憐賈誼書。柴　望。

玉琴在膝酒在手，周　密。
落月滿川風滿山。張　耒。

不聽哀絃知興逸，董嗣杲。
忽聞鶯語歎春深。范成大。

開軒臨水弄長笛，黃庭堅。
擷香咀蕊浮新醅。梅堯臣。

年華已逐梅梢晚，黃庭堅。
文字能令酒盞寬。唐　庚。

握手百憂空往事，王安石。
執筆四顧旁無人。李　新。

盡送光陰歸酒盞，邵　雍。
不嫌塵土染征衣。洪　适。

曲檻一峰飛怪石，許　開。
脩竹萬箇籠清漪。王拱辰。

丹青游戲臻能事，李　呂。
尊俎風流入笑談。廖行之。
更拂烏絲寫新句，陸　游。
喜將白髮照青春。劉　几。
青天白日春常好，王安石。
流水飄香鶯自歸。李　新。
神交故國三千里，王　邁。
家在江南第一山。張　擴。
交契懸知定金石，郭　印。
悲歡還見舊山川。黄　裳。
一生忠義孤吟裏，鄒　定。
萬里山河拊髀中。董嗣杲。
隱居本爲逃名計，方　岳。
孤劍空懷許國心。陸　游。

好山能費幾兩屐，方　岳。
我飲寧須三百杯。程　俱。
每嗟相見多生客，陸　游。
起約良游醉好春。朱　熹。
傷時懷抱深於海，來　梓。
著面和風軟似綿。馮　澄。
落日一篙桃葉浪，沈　遼。
野梅千樹月明村。高似孫。
時尋畫舸破煙水，王孝巖。
欲往南溪侶禽魚。蘇　軾。
收拾奇觀入新著，度　正。
搜索異境窺神功。郭祥正。
釀酒烹雞留醉客，歐陽脩。
粉箋香墨寄詩筒。錢維演。

各有一心存萬古，龔　開。
不意相知有此君。鄭思肖。
因病久懲耽酒癖，姚孝錫。
看松長恨買山遲。趙師秀。
暫借好詩消永夜，蘇　軾。
欲看細字終殘年。蘇　軾。
高論頗隨衰俗廢，王安石。

孤標未要後生知。劉　涇。
浮生適意即爲樂，司馬光。
暮齒相思豈久堪。王安石。
書生憂憤頭空白，王　邁。
羈客多傷涕自揮。王安石。
勦勞至大不矜伐，蘇　軾。
瘡痍猶在豈謳吟。王安石。

寒柯堂宋詩集聯七

自入醉鄉頭不白，朱長文。
未捐習氣筆如神。趙鼎臣。
落筆縱橫中自喜，蘇　轍。
論交肺腑獨深知。李　洪。
便當閉門學水墨，黃庭堅。
試向閑齋習草書。杜　衍。
詩豪墨妙天許并，華　鎮。
酒盡談餘意轉新。潘　樫。
歸計未成留亦好，陸　游。
筆力有盡意無窮。錢　時。
所存舊業惟清白，司馬光。

越園續編

只有青山無古今。戴復古。
不信浮名是身累，張　詠。
想見妙語如春温。陳　淵。
篇章俊發已可駭，蘇　轍。
煙雨空濛自一奇。楊萬里。
身必静休猶是病，王　洋。
詩推餘事尚稱豪。王　洋。
滿榻詩書愁病眼，蘇　轍。
九秋天地入吟魂。王　珪。
秋水已清天更碧，董嗣杲。
仙源依舊地無塵。李　覯。

喬木幽人三畝宅，黃庭堅。
亂鴉殘月五更鐘。李　新。
許國尚餘忠鯁在，李彌遜。
壯懷惟有鬼神知。蘇大璋。
一室獨吟圖史亂，司馬光。
五湖新隱水雲寬。劉子翬。
清風朗月長相憶，徐　鉉。
布襪青鞋尚可期。樓　鑰。
灌圃肯差陳仲子，董嗣杲。
臨風遙憶路温舒。王　阮。
蒼巖如堂石如踞，劉　涇。
落月滿川風滿山。張　耒。
幸得詩書銷白日，梅堯臣。
欲將才業效當年。韓　維。

草聖詩豪并神速，蘇　轍。
孤風異行同襟期。鍾孝國。
筆端機杼始潛運，黃人傑。
腹中圖史自紛綸。張　擴。
煙霞明滅心逾遠，韓　淲。
豪氣峥嶸老不除。蘇　軾。
老去交親難暫捨，徐　鉉。
眼前杯酒且須賒。王禹偁。
語不驚人慙少壯，袁説友。
筆間應俗漫文章。張　擴。
相期直到無心處，洪　朋。
往事都歸一笑中。董嗣杲。
容膝不妨亢亮醉，張　綱。
中流應動祖生心。李彌遜。

勸君莫愛高官職，楊萬里。
謂我所好同甘鹹。韓　維。
鷗邊野水水邊屋，楊萬里。
山外浮雲雲外城。李　新。
身後功名空自重，王庭珪。
世間絶藝誰能窮。王　阮。
百年身世浮漚裏，方　夔。
萬里山河拊髀中。董嗣杲。
雅興直須窮勝賞，范純仁。
幽懷無處覓詩題。韓　淲。
聊託迂疏居世表，釋文珦。
須知受用在平生。家鉉翁。
隨家所有自可樂，司馬光。
與世無求非絶交。李昭玘。

白蘋香散東風起，寇　準。
緑樹陰低春晝長。張　耒。
英辭雄辯灑醉墨，陳　淵。
孤風異行同襟期。鍾孝國。
儒術彫零歸故紙，吕南仲。
江湖風景憶扁舟。孔平仲。
地雄鼓角秋聲壯，耿時舉。
月滿關山鶴唳高。文天祥。
世亂且同吟嘯樂，王之道。
兵興敢避科徭多。李　光。
浪説虚名落人世，米　芾。
更將和氣裕斯民。華　鎮。
春山雨後青無數，范仲淹。
古甃泉聲静自聞。汪元量。

自是直言難見信，胡仲弓。
由來妙道初不煩。張　鎡。
句裏江山隨指顧，陳師道。
雨餘泉石長精神。孔武仲。〔一〕
共掃松花談太古，祖世昊。
只將詩句答年華。陳與義。
桑柘如錢柳如雪，李彌遜。
社甕可漉溪可漁。黄庭堅。
萬頃烟波媚幽獨，程公許。
一堂風月伴琴書。胡　寅。
揮豪要使真宰泣，王子思。
筆力能窮造化心。折彦質。
開池鑿圃增氣象，釋道潛。
殘雪竦籬當畫圖。陳與義。

七字論詩如對面，張　擴。
一生躭酒終無錢。蘇　軾。
中原俯仰成今古，陸　游。
詩句縱横付酒杯。黄庭堅。
閑步偶尋芳草色，寇　準。
漁歌忽斷蘆花風。郭祥正。
却將舊學收新進，蘇　轍。
更借陽狂護散才。陸　游。
舊游亂後半蕪没，王之道。
少日心期轉繆悠。黄庭堅。
相與閉門尋舊學，蘇　轍。
何曾屈膝拜三公。度　正。
涉世乍驚翻手薄，曹　緯。
力行還恨賦才微。王安石。

異日是非憂史謬，尹　穡。
平生忠義衹天知。王庭珪。

久無青眼憐高卧，李昭玘。
莫向秋風歎式微。釋道潛。

埽徑似知佳客至，徐　俯。
命車良爲故人來。秦　觀。

良辰美景須臾事，董嗣杲。
酒熟花開二月時。歐陽脩。

數聲啼鳥破幽夢，王希吕。
萬里天風吹客衣。王　質。

暮靄直從漁笛起，徐集孫。
落花閒逐野泉香。寇　準。

雲開遠嶂碧千疊，真山民。
月上東樓酒一尊。王禹偁。

儘有好山客對榻，方　岳。
每逢嘉客便開筵。韓　維。

世事不堪開眼看，蘇　轍。
此心衹要有天知。文天祥。

野趣近依陶令宅，李　光。
晚涼深下董生帷。李　光。

想有新詩傳素壁，王安石。
且容高枕到秋聲。方　岳。

身隱免貽千載笑，劉克莊。
心源不受一塵侵。黄庭堅。

早韭晚菘羹糝熟，黄庭堅。
酒美蟹肥橙橘香。真山民。

談笑從容詩百紙，蘇　轍。
琴書蕭散日初長。陸　游。

暖翠晴光排户牖，仲　并。
潺湲流水繞亭臺。張舜民。

山纔入眼身尤健，馮時行。
事不關心夢亦閒。王　銍。

危言在國爲元氣，翁　定。
好事逢人得異書。周必大。

照眼遥岑落懷袖，李　彭。
逼人空翠撲衣襟。陳天麟。

賸把當新伴幽獨，袁説友。
不妨隨分老漁樵。蔡元定。

放懷不管人間事，李行中。
鴻寶誰收篋内書。胡　宿。

别墅雖無輞川畫，林亦之。
漢宫須薦長卿才。錢維演。

老去熟知交友態，李　光。
書來猶記别君時。袁説友。

尊前懷古閒開卷，蘇　頌。
亂後逢花且賦詩。劉辰翁。

四面開窗都見竹，李　衡。
數家臨水自成村。陸　游。

如此江山快人意，汪元量。
疑是神仙接麈談。林景熙。

谿山與我俱成畫，方　岳。
魚鳥從游久息機。張　耒。

誦詩徵事相誇捷，韓　駒。
名章俊句紛交衡。蘇　軾。

故假聲音助和氣，戴復古。
不因貴賤識交情。王庭珪。

明月清風非俗物，黃庭堅。
黃鸝白鳥解人情。陳師道。

世態已更千變盡，黃庭堅。
夜闌難得一尊同。張元幹。

應無俗客來驚犬，鄭剛中。
未到中年便挂冠。黃裳。

養氣安閒真得計，蘇轍。
感時憂憤欲成書。趙汝騰。

真珠爲漿玉爲醴，蘇軾。
春山如黛水如藍。趙抃。

天下蒼生待霖雨，戴復古。
世間清景是微涼。寇準。

千丈虚廊貯明月，陳與義。
數聲幽鳥和清吟。胡仲弓。

勞生却爲精神惜，毛滂。
絶物常因議論嚴。劉克莊。

國恩欲報已華髮，盧襄。
新貴即今多黑頭。黃庭堅。

放歌狂飲不知曉，蘇舜欽。
清談雅集每忘疲。綦崇禮。

猨鶴不驚松逕夢，柴望。
丹青爲洗馬群空。李石。

要令利澤均四海，母立恪。
惹得詩名遍九州。樂雷發。

忍窮有味知詩進，吕本中。
與客高談到夜深。方夔。

浮雲捲盡暮天碧，邢居實。
飛泉暗瀉巖花香。胡松年。

豈圖俗筆挂高眼，王　詵。
獨取妙語傳新詩。蘇　轍。

風高月白最宜夜，歐陽脩。
修竹疏花宛似春。釋道潛。

心期難與俗子道，戴復古。
名姓已被賢者知。梅堯臣。

春風豈識吟人恨，翁　卷。
白髮多從客路生。韓　駒。

立脚怕隨流俗轉，戴復古。
安心寧恤鬢毛斑。劉　宰。

清樽獨酌夜方半，蘇　轍。
明月滿懷心自知。陳　淵。

遥憐兵火暗跌蕩，程公許。
賴有琴樽慰寂寥。田　錫。

鷗邊野水水邊屋，楊萬里。
人如詩句句如秋。楊萬里。

嗜好眇追千載友，鍾孝國。
風煙愁殺舊京人。張良臣。

孤劍青鞋出巖户，祖世英。
夕陽紅蓼滿汀洲。林尚仁。

閒倚紅蓮傾淥醑，王禹偁。
卧看秋水浸山煙。姜　夔。

揮灑工夫通恍惚，華　鎮。
安排好語待賡酬。洪　适。

飛舄去爲嘯滄海，袁説友。
脱巾散髮謝塵埃。陸　游。

筆端風雨真無敵，洪　适。
樓上煙雲怪不來。蘇　軾。

活國未逢三折臂，張九幹。
深杯難醉九迴腸。薛紹彭。

尚有笑談消白晝，釋惠洪。
不愁封禪到梅花。謝翺。

高風勝事日傾倒，蘇舜欽。
俊詞偉氣森開張。秦觀。

取人最忌規模狹，劉克莊。
下筆惟愁造物窮。楊萬里。

登臨始覺天高廣，王溥。
任達寧須酒拍浮。張綱。〔二〕

萬里雲霄送君去，辛棄疾。
一江明月看潮生。毛滂。

神翰遠與鍾王偶，華鎮。
奇才不泯揚馬名。董嗣杲。

功業文章付杯酒，韓淲。
詩書韜略傳清芬。劉才邵。

丹青游戲臻能事，李呂。
煙雨空濛自一奇。楊萬里。

坐閱雲陰變昏曉，張擴。
地無風雨亦清涼。李覯。

幸有別腸堪貯酒，俞德鄰。
不安四壁怕遮山。陸游。

開池鑿圃增氣象，釋道潛。
作吏辦事猶詩書。黄庭堅。

枕落夢魂飛蛺蝶，黄庭堅。
日斜鷗鷺滿蒹葭。張耒。

濁酒有神磨歲月，王灼。
秋雲無跡淡平空。王初。

豈緣薄禄貽身累，李　朴。
更羨高鴻避弋飛。楊　億。

天生奇材必有用，王庭珪。
世間絶藝誰能窮。王　阮。

移家尚恐青山淺，謝伯初。
讀書不作儒生酸。謝　逸。

淹留賴有交情重，陳　淵。
側席時聞妙語新。王　洋。

明燈净几風日煖，陳師道。
古木修篁咫尺迷。王之道。

且憑詩酒勤春事，黄庭堅。
只有芳菲會此心。王安國。

三畝未成幽處宅，王安石。
一尊聊發少年狂。汪　藻。

久別名山憑夢到，陸　游。
緩尋芳草得歸遲。王安石。

恥學鯫生事文墨，寇　準。
更尋釣叟問生涯。家鉉翁。

閉門養拙無人問，陳　洎。
隱几看書隨處家。司馬光。

故人入夢三更月，彭秋宇。
濃緑浮空四面山。李　光。

下視塵世真一吷，張　鎡。
莫負幽人久見招。王安石。

逸氣可以走罔象，家鉉翁。
秋聲忽已到梧桐。張　擴。

遲晚識君真幸會，吕南仲。
溪山勸我暫忘憂。蘇　轍。

萬頃煙波媚幽獨，程公許。
百年悲樂寄尊壺。陸　游。
夢覺灘聲驚客枕，王庭珪。
日長花氣撲人衣。孫　覿。
緑髩朱顏君勝我，楊萬里。
簡編燈火卷還舒。楊萬里。
如此江山快人意，汪元量。
何曾鷗鷺不吾招。楊萬里。
畫將書傳資詩用，釋文珦。
疑卷江湖入座來。朱　松。
疇昔風雲餘感慨，虞　儔。
他時湖海莫寒盟。張　擴。
尋幽觸静還成興，王安石。
坐石携泉旋煮茶。趙　抃。

賞心到處窮佳景，周必大。
傳世何妨强著書。程　俱。
自畫雲山滿牆壁，王安中。
會憑詩酒傲煙霞。元　絳。
笑語從容慰寂漠，孔武仲。
琴書瀟灑寄高情。孔平仲。
明月照人山霧合，韓　挻。
落花如雪春風顛。蘇　軾。
沙鷗欲近如招隱，林景熙。
吏事初閒此燕居。宋　祁。
曾尋物外無窮意，吕南仲。
早著山中未了書。仲　并。
山如得意晚猶碧，高鵬飛。
事不關心日便長。馮時行。

破除萬事無過酒，林敏修。
領略平生未識山。李彌遜。
今日相看青眼舊，黃庭堅。
心期衹許白鷗同。陳造。
庭前花枝笑自愛，王令。
肘後醫方老更精。蘇轍。
貪看野鴛橫秋浦，蘇軾。
靜拂琴牀有落花。王禹偁。
每疏歌酒緣多病，范仲淹。
聊對丹青作卧游。陸游。
當户老松如對立，陸永仲。
繞籬寒菊自開花。釋惠洪。
彈冠自笑平生拙，韓淲。
搏虎方收末路身。王安石。

使君登高訪古昔，王安石。
少年交友盡豪英。陸游。
老去謾餘公論在，張擴。
高情難許俗人知。廖行之。
四顧風煙入懷袖，司馬伋。
一揮水墨先淋漓。蘇轍。
坐中入眼無俗物，喻汝礪。
枕前聞籟有孤松。董嗣杲。
秀在兩眉詩在腹，毛滂。
動即繙書靜即眠。裘萬頃。
江山有恨英雄老，吴淵。
旗鼓傷心故國春。錢維演。
淡飯麄衣隨處樂，釋文珦。
野花啼鳥一般春。陳搏。

敗毫淡墨任揮灑，孔武仲。
玉濤金浪相徘徊。蘇軾。

柳繞溪邊荷繞屋，楊萬里。
水滿池塘葉滿枝。陸游。

平生飽識山林味，楊萬里。
秀發更爲煙霞新。晁補之。

收拾勝跡歸吟卷，董嗣杲。
屈曲山光展畫屏。王周。

花影忽生知月到，真山民。
柳梢含緑認春歸。蔣堂。

天機入神即揮灑，陸游。
佳時得酒慰飄零。李埴。

獨捲珠簾坐春色，喻汝礪。
自鋤明月種梅花。劉翰。

聞道異書常自校，釋惠洪。
去買青山約我鄰。徐照。

老去衣襟塵土在，曾鞏。
酒醒林際夕陽微。寇準。

老屋陳編自怡悦，韓駒。
高林翠阜相回環。歐陽脩。

雨罷捲簾憑爽氣，富直柔。
夢回起坐有佳思。謝邁。

味道不妨寒似水，徐鹿卿。
相逢莫惜醉如泥。王洋。

萬里江山來醉眼，王珪。
一溪風雨送歸舟。蘇舜欽。

眼中人物東西盡，洪芻。
柳外雲山水墨開。李炎子。

淡着煙雲輕着雨，楊萬里。
閒於孤鶴澹於秋。黃　裳。

白髮尚堪供語笑，陳師道。
重言猶得慰空疏。王安石。

詩情本自淩康樂，李　洪。
生子何須似仲謀。陸　游。

盡取微涼供穩睡，陳與義。
試憑長嘯卷遐昏。胡　寅。

落日一篙桃葉浪，沈　遠。
晚天回首酒旗風。司馬光。

相看鬢髮時窺鏡，黃庭堅。
是處樓臺可舉觴。李　覯。

新詩往復交情見，趙　抃。
勝事流傳繪素工。陳振孫。

一篇封禪才難學，王安石。
千里賡酬句要新。李　洪。

呼酒撚花談舊事，楊萬里。
粗茶淡飯終殘年。楊萬里。

醉來身外窮通小，蔣之奇。
臥看人間蠻觸爭。魏了翁。

多事始知田舍好，蘇　軾。
卜居俱得林塘幽。謝　逸。

秋月春花入牙頰，楊萬里。
名山大澤出文章。戴復古。

半塢寒雲抱泉石，郭祥正。
十年間事付漁樵。王庭珪。

世上小兒多忌諱，蘇　軾。
胸中百痒欠爬搔。許月卿。

拙計自憐嵇叔懶，張　綱。
題詩誰似皎公清。蘇　軾。
詩人猛士雜龍虎，蘇　軾。
笑談謦欬生風雷。蘇　軾。
由來白髮生無種，黃庭堅。
屢對青山似有緣。衛宗武。
十丈戰塵孤壯志，陸　游。

校勘記

〔一〕原批「複」。
〔二〕原批「去」。

一尊芳酒對斜陽。王之望。
雅懷重向丹青得，王安石。
精意要與神明通。廖行之。
獨依古寺種秋菊，蘇　軾。
要伴騷人餐落英。蘇　軾。
討論潤色今爲美，王安石。
壯觀絕致誰爭妍。袁説友。

寒柯堂宋詩集聯八

濁酒有神磨歲月，王　灼。
黃金無術治流年。宋　祁。
傷心風月詩應瘦，王　柏。
憂世艱難話更長。胡　寅。
每憤中原淪半壁，吕頤浩。
攬將奇思援孤琴。董嗣杲。
抱甕荷鋤非鄙事，劉克莊。
楮笻野服是家常。趙　抃。
讀書不了平生事，梁　棟。
要路多逢後進人。徐　鉉。
留連節物孤朋酒，黃庭堅。

越園續編

披豁羈懷見雅吟。蘇舜欽。
才力有餘嫌事少，蘇　轍。
世途多故踐言難。歐陽脩。
月似故人能赴約，鄭　鑰。
詩由廣舌不憂乾。吴　潛。
天機入神即揮灑，陸　游。
小園無事日徘徊。戴　敏。
浪說虛名落人世，米　芾。
聊將戲墨忘餘年。王　詵。
涉世乍驚翻手薄，曹　緯。
愛閒猶有和詩忙。姚孝錫。

一派石泉流沆瀣，郟　亶。
數聲漁笛在滄浪。蔡　確。
人間事變皆芻狗，華　鎮。
到處溪山是畫圖。趙鼎臣。
用拙不妨存我性，張　侃。
忘憂惟有對公酣。蘇　轍。
如此江山落人手，李　壁。
可無朋友託斯文。姜　夔。
平生見酒喜欲舞，趙鼎臣。
早歲雄文手自編。陳　造。
風過松杉猶藴藉，盧　襄。
眼逢泉石便吟哦。釋道潛。
天地無人獨登覽，劉　過。
湖山千里助精神。孔武仲。

戲弄丹青聊卒歲，黄庭堅。
留連山水住多時。王安石。
舊游似夢徒能説，蘇　軾。
宿習猶存爲愛詩。陸　游。
孤劍青鞋出巖户，祖世英。
清泉白石鎖煙扉。于　石。
忽喜得書開復看，韓　淲。
生憎俗客去還來。戴復古。
酒堪度日難爲醉，高　翥。
老欲隨人不待媒。趙鼎臣。
搜抉幽奇呈脈縷，劉才邵。
摩軋太古窮天機。王拱辰。
溪山深密春晝寂，韓　淲。
竹樹參倚荆蘺疏。梅堯臣。

長篇短韻揮椽筆，王　灼。
野色溪光接畫檐。王用亨。
繽紛雲禲空棠檝，王安石。
屈曲山光展畫屏。王　周。
萬重古意豪端聚，李　彭。
一片白雲山半齊。韓　淲。
野桃含笑竹籬短，蘇　軾。
啼鳥滿山春日長。文天祥。
身健却緣餐飯少，徐　璣。
家貧漸覺故人稀。黃　庚。
更覺丹青到微妙，華　鎮。
忽驚堂宇變雄深。蘇　軾。
有客不來還日暮，舒岳祥。
執杯未飲已詩成。司馬光。

遠游行橐詩千首，度　正。
長笑歸來書滿床。陽　枋。
在陋愧無顏子志，鄧春卿。
張羅休署翟公門。楊　億。
暫留客枕聽疏雨，葉夢得。
已買漁舟泊小灘。釋惠洪。
一尊豈盡平生話，王庭珪。
萬事當觀失意時。黃庭堅。
老松飛翠落夏簟，林　放。
煙浦斜陽起暮歌。鄭克己。
平生夏患常難測，陸　游。
勝事蹉跎只可憐。王安石。
力行所學斯無愧，劉克莊。
素不能詩復戒吟。胡　寅。

不聽哀絃知興逸，董嗣杲。
緩尋芳草得歸遲。王安石。

深山窮谷遂真性，郭　印。
孤風異行同襟期。鍾孝國。

泥飲自知人共厭，董嗣杲。
文辭終與道相妨。陸　游。

秋生露竹風荷外，楊萬里。
心在殘霞落照邊。許志仁。

老境得閒如噉蔗，孫　覿。
橐金盡散只留詩。林公綽。

旋傾美酒留連客，陳師道。
漫與詩篇慰藉春。虞　儔。

流俗但隨憂樂轉，陳　淵。
新詩不落語言間。朱　熹。

萬籟參差寫明月，黃庭堅。
百川湧溢騰蛟龍。劉叔贛。

挾筴有時悲慷慨，王安石。
送春無意惜芳菲。章　峴。

案有黃庭尊有酒，崔唐臣。
風宜清夜露宜秋。錢維演。

夜深酒醒山月落，方　夔。
泉甘土肥靈草香。韓　滮。

酒不逢人還易醉，楊萬里。
詩怕傷時未可傳。高　翥。

舊日琴書多藞藞，李　光。
南樓風月且徘徊。孔武仲。

登臨始覺天高廣，王　溥。
會合休辭酒淺深。張公庠。

賴有清吟消意馬，楊　億。
擬將孤劍斬長鯨。呂頤浩。

柴門長閉春風煖，王安石。
秋月下照澄江空。黃庭堅。

筆下千篇非事業，洪　适。
眼中群盜尚縱横。周　莘。

隱居未易凡人測，蘇　轍。
妙處由來識者難。虞　儔。

拙計自憐嵇叔懶，張　綱。
下帷誰識仲舒賢。張　綱。

青天無雲萬峰立，葉夢得。
野花如雪滿門開。周伯弼。

屢出詩章新管籥，蘇　轍。
只與筆硯爲朋曹。呂南仲。

喬木幽人三畝宅，黃庭堅。
飛花流水一年春。吴　儆。〔一〕

墨海波瀾無定勢，董　史。
西風天地正愁人。梁　棟。

松柏滿山聊獻壽，滕茂實。
觴詠一時俱絶塵。李彌遜。

賴有新詩成獨諷，李　洪。
相從小飲任天真。司馬光。

詩癖苦無奇藥療，王　邁。
鬢絲偏與落花宜。李　石。

買魚沽酒嘯儔侣，劉　正。
落花飛絮飄衣巾。蘇　轍。

坐閲雲陰變昏曉，張　擴。
眼逢泉石便吟哦。釋道潛。

時尋畫舸破煙水，王孝巖。
獨繞東籬詠落花。寇　準。
醉眼却愁天地窄，韓　淲。
忘懷驟喜肝膽傾。綦學禮。
墨池如江筆如掃，張孝祥。
社甕可漉溪可漁。黄庭堅。
别後寄詩能慰我，黄庭堅。
人間多事更聞兵。陳與義。
風月不供詩酒債，楊萬里。
綢繆略與弟兄同。陳傅良。
欲借巖阿着茅屋，蘇　轍。
不嫌塵土染征衣。洪　适。
壯士有懷時拔劍，程公許。
幽人無事不出門。蘇　軾。

蒼巖如堂石如踞，劉　涇。
亂山無盡水無邊。蘇　轍。
詩情渺與江湘迥，華　鎮。
孤操愛結泉石盟。謝枋得。
自入醉鄉頭不白，朱長文。
獨凭危檻思何長。寇　準。
破悶好詩勝搔背，方　夔。
惱人春色似游絲。湯仲友。
擲筆掉頭欣入妙，楊萬里。
求田問舍轉無成。王安石。
一丘奇興心猶遠，廖行之。
千里賡酬句要新。李　洪。
大隱不妨居市井，蒲宗孟。
追尋空復對江山。葉夢得。

多情明月邀君共，蘇　軾。
有意沙鷗傍我眠。高　宗。

結習已空摩詰訣，虞　儔。
幽姿深隔庾公塵。李　光。

山如得意晚猶碧，高鵬飛。
事不關心夢亦閒。王　銍。

遺民久比腥羶苦，洪　适。
京闕今爲氊罽鄉。洪　适。

句裏江山隨指顧，陳師道。
人間俛仰隔興亡。方　夔。

朝市山林俱有累，黃庭堅。
霜筠露菊便相親。張良臣。

歌吟髣髴類騷雅，蘇　轍。
文彩繁縟森華纓。華　鎮。

豈圖俗筆挂高詠，王　詵。
且放清風入緑尊。楊萬里。

滄海桑田幾回變，汪元量。
飛花流水一年春。吴　儆。

浮家泛宅非無計，張元幹。
幽夢清詩倍有神。蘇　軾。

新篇波瀾特浩蕩，王安石。
少日心期轉繆悠。黃庭堅。

不務新奇誇俚俗，李　光。
尚容遺逸卧林泉。吕　誨。

零雨已回公旦駕，魏　泰。
晚涼深下董生帷。李　光。

身後功名空自重，王庭珪。
醉中笑語不嫌真。劉才邵。

方寸莫被饑寒擾，王　邁。
精意要與神明通。廖行之。
哦詩清風起空谷，黃庭堅。
欹枕秋聲入古松。古成之。
本來澹泊難從俗，韓　淲。
獨負權奇不受羈。張　綱。
雅興直須窮勝賞，范純仁。
嘯聲已是騰清芬。馮時行。
小院回廊正瀟灑，徐似道。
千巖萬壑争追隨。袁説友。
詩成險語破鬼膽，虞　儔。
睡起殘花落酒瓢。王禹偁。
肯爲俗人借顏色，張　擴。
晚知直語觸憎嫌。黃庭堅。

虛心學古遺適用，蔡　襄。
勝概因人得久存。范純仁。
英辭一洗千載陋，閭丘詠。
醉心空向六經酣。洪　适。
篇章況是萬人敵，仲　并。
書生豈無一策奇。劉　過。
風光向人但嫵媚，仲　并。
草木逢春自品題。李彌遜。
流水自送夕陽去，董嗣杲。
故人猶寄好詩來。張　綱。
名聲不朽豈易得，歐陽脩。
襟懷堪寄有孤吟。馮時行。
正喜詩泉勢奔猛，袁説友。
想見浩氣盤高空。王之道。

波暖浮鷗翻素影，郭　印。
月明天籟滿秋空。曹　組。
閒步偶尋芳草色，寇　準。
風來時有異花香。寇　準。
夜月梅花頻入夢，何夢桂。
詩豪酒聖難爭鋒。黃庭堅。
花深曲徑春無盡，唐　庚。
月上東樓酒一尊。王禹偁。
鶯邊楊柳鷗邊草，楊萬里。
月滿空山水滿潭。朱　熹。
共催短棹東風裏，王　洋。
起弄明月霜天高。翁　森。
無心但有雲來往，曹彥約。
任達寧須酒拍浮。張　綱。

捲簾几硯成圖畫，秦　觀。
滿眼雲山奉宴居。黃庭堅。
水樹漸青舍晚意，石延年。
江山到處發詩愁。胡　寅。
聊託迂疏居世表，釋文珦。
莫求名字滿鄉閭。蘇　泂。
朱顏酒鬢常如昨，陸　游。
山色江聲相與清。黃庭堅。
芳舍已忘鐘鼎夢，向子諲。
賓筵聊喜笑言同。綦崇禮。
無限老松秋色裏，蘇舜欽。
一池荷葉雨聲中。孫　覿。
朋從簪盍得衆雋，單　夔。
窗户虛明絶點埃。樓　鑰。

身老方知生計拙，黄　庚。
詩成未了寸心狂。林亦之。
會與江山成故事，蘇　軾。
偶然談笑得佳篇。蘇　軾。
眼看世事知難了，蘇　轍。
春到田家自不貧。趙鼎臣。
春風和氣見眉宇，董嗣杲。
新聲妙語慰華顛。蘇　軾。
狂名偶爲留詩著，司馬光。
寶劍猶埋斷佞光。董嗣杲。
賴有高樓能聚遠，蘇　軾。
每逢佳句印揮毫。杜　衍。
乞身投閒不待老，張　擴。
戮力乘田豈爲名。王安石。

淡飯麄衣隨處樂，釋文珦。
青山匹馬萬人呼。辛棄疾。
開軒且放浮嵐入，朱　熹。
青眼聊因美酒横。黄庭堅。
暫留客枕聽疏雨，葉夢得。
更引清漪作小亭。秦　觀。
便當閉門學水墨，黄庭堅。
頻來借榻伴高閒。沈　遼。
耆年盛德天應相，蘇　泂。
壯觀絶致誰争妍。袁説友。
酒有何好工作病，李　彭。
樓無他用只儲書。曹彦約。
野興已隨芳草遠，陳知柔。
舊游猶記劫灰前。周　密。

每訝天心異人意，王之道。
豈容餘事亂吾真。韓　淲。
盡開窗户容秋月，賈仲穎。
獨倚衡門看遠山。王　埜。
明月蒼茫墮清影，吕同老。
晴巒掩映蔟春暉。王欽若。
薄暮每尋尊俎共，洪　适。
高歌應有鬼神聽。鄭　炎。
樓高思遠天無極，方　岳。
地静人閒月自妍。黄庭堅。
斜陽似欲妝詩句，張　耒。
藜杖相將入畫圖。陳與義。
自喜兹游勝平日，王　阮。
有時以詩陶天真。戴復古。

苦恨青山移不得，戴復古。
憑仗新詩與寫成。蘇　軾。
古人却向書中見，陸　游。
春色先從草際歸。黄庭堅。
案有黄庭尊有酒，崔唐臣。
書滿茅堂藥滿園。釋文珦。
脩筠亂石一經静，韓　淲。
斜風横雨半花時。張　擴。
懷鉛共笑揚雄老，汪應辰。
扣角曾無寧戚歌。姜特立。
萬卷藏書宜子弟，黄庭堅。
十年閒事付漁樵。王庭珪。
爽塏真能明遠目，劉才邵。
柴荆未肯愧朱靡。華　鎮。

柴門長閉春風煖，王安石。
臘酒正香梅信來。李昭玘。
但知得醉頻酤酒，張　耒。
喜聽連床共和詩。張元幹。
疊嶂疏林入圖畫，盧　襄。
白蘋紅蓼是家鄉。黄　裳。
青天無雲萬峰立，葉夢得。
啼鳥滿山春日長。文天祥。
卧向空齋思勝侶，王　洋。
盡收佳處入雕闌。秦　觀。
歲華遇目疾飛鳥，司馬光。
野思到春如亂雲。謝伯初。
更携尊酒看修竹，孫　嵩。
手捉玉麈對西山。洪　朋。

江上青山横絶壁，蘇　軾。
眼中飛絮點蒼苔。趙汝騰。
白髮不傳毛義檄，李　光。
苦寒聊解拾遺裘。虞　儔。
新蒲弱荇參差緑，韓　琦。
落花流水淺深紅。范成大。
詩句縱横剪宫錦，黄庭堅。
歌詞灑落滿江樓。陸　游。
景建佳處須行樂，華　岳。
月与高人似有期。蘇　軾。
極知許國心常赤，張孝祥。
偶見高人眼倍明。釋惠洪。
無心自可齊窮達，吕南仲。
遇酒還能發老狂。王之道。

山色不隨人世改，姚孝錫。
吟魂未減昔年清。王伯大。
春能醞藉如相識，方　岳。
歸與親朋説舊游。張　耒。
一官倉庾真堪老，蘇　軾。
九日登臨得縱談。林光朝。
自有詩書供永日，蘇　轍。
莫將印綬繫餘年。蘇　軾。
百尺闌干橫海立，陳與義。
一笻老健愜山行。方　岳。
却厭端居苦無事，朱　熹。
若非同伴莫相尋。釋文珦。
溪山勝處真難到，陸　游。
書畫殘來亦賣錢。劉克莊。

更將餘力事酬唱，陳　淵。
不妨隨分老漁樵。蔡元定。
主人相顧一撫掌，蘇　軾。
使君情重數開樽。陳師道。
墨綬銅章竟何用，寇　準。
山觴水酌兩皆宜。楊萬里。
年歲却從爲客盡，林亦之。
風煙仍作故人看。方　岳。
謨議軒昂開日月，朱長文。
文字光彩垂虹霓。歐陽脩。
狂吟但覺日月久，張伯玉。
卜居俱得林塘幽。謝　逸。
相逢莫説傷心事，戴復古。
詩外應無用力時。李　覯。

樓臺四望煙雲合，秦　觀。
天地無私花柳春。黄庭堅。
篋載縑緗船載酒，王　洋。
區有瓜芋水有魚。李彌遜。
四海八荒莽跌宕，洪　朋。
俊詞偉氣森開張。秦　觀。
事去空垂悲國淚，汪元量。
秋來長作送人詩。釋惠洪。
賴有故人憐寂寞，蘇　轍。
想見浩氣盤高空。王之道。
叢篁森束林蓊鬱，吴處厚。
谿水縈回路屈盤。徐　鉉。
載酒誰過楊子宅，楊　億。
相思時上庾公樓。李　光。

江山依舊歲時改，黄庭堅。
心意既得形骸忘。歐陽脩。〔二〕
天涯尊酒欣相遇，范純仁。
牀頭孤劍空有神。林景熙。
客懷易感酒添病，喻汝礪。
春浪初肥緑滿汀。喻良能。
江涵秋老鱸魚美，曾　宰。
木落霜清鼓角高。歐陽脩。
著撰初無千斛米，趙鼎臣。
風光渾在一帘香。廖行之。
漫借一觴追勝概，方　夔。
坐視萬物皆浮埃。蘇　軾。
永晝無人淵花落，司馬光。
漁舟一笛晚風清。吴　珩。

腹中氣作蛟龍吼，王　灼。
陌上花開蝴蝶飛。蘇　軾。
愛山自比謝康樂，晁沖之。
報轄惟聞陳孟公。黃庭堅。
東海桑田真旦暮，蘇　軾。
小橋流水即滄洲。游　酢。
眼中最恨友朋少，方　鳳。
胸次不使塵俗生。黃庭堅。
世態誰堪閒處看，陸　游。
心事邀與常人殊。劉　衍。
廢興髣髴無舊老，歐陽脩。
文字追隨落雅吟。文天祥。
青山白髮不自嘆，蘇　軾。
藺席布榻便吾慵。張　鎡。

校勘記

〔一〕原批「複」。

〔二〕原批「複」。後加問號。

寒柯堂宋詩集聯九

越園續編

雅興直須窮勝賞，范純仁。
有情何用惜芳春。華　鎮。
百年會面知幾遇，李　彭。
一笑從容每盡情。綦崇禮。
身後功名空自重，王庭珪。
竹間風味與誰期。陳　淵。
句似梅花花似句，楊萬里。
溪繞青山山繞溪。謝深甫。
拙計自憐嵇叔懶，張　綱。
妙意要與淵明論。朱　松。
浮雲捲盡暮天碧，邢居實。
秋月下照澄江空。黃庭堅。
報國自期如皦日，汪應辰。
著書不就負殘年。姚　鏞。
尚嫌姓氏騰人口，蒲宗孟。
祇有芳菲會此心。王安國。
羽扇綸巾看高卧，胡仲弓。
秋風菰米强加餐。何夢桂。
豪傑雖窮留氣在，劉克莊。
才名太盛取天憎。方　夔。
酒付别腸寧怕窄，吴　潛。
筆生春意自無痕。李　新。

好勇真令腐儒服，蘇　轍。
新詩未覺故人疏。薛紹彭。
卷舒動静固有道，蘇舜欽。
是非憂樂飽經心。黄庭堅。
無限老松秋色裏，蘇舜欽。
數聲黄鳥緑陰間。戴　昺。
千金市骨今何有，黄庭堅。
萬卷堆胸兀相撑。蘇　軾。
偶隨兒戲灑墨汁，黄庭堅。
更借陽狂獲散才。陸　游。
高吟大醉輪公等，范成大。
白髮蒼顔笑我曹。蘇　軾。
世態詎堪閒處看，陸　游。
孤標未要後生知。劉　涇。

一堂圖籍自陶冶，劉　跂。
萬里江山幾廢興。釋文珦。
海内風塵驚不定，嚴　羽。
坐中詩思浩難收。程之邵。
雄豪似子真儒俠，趙鼎臣。
清吐對我如瀾翻。程公許。
寂寞倦投揚子宅，陳　淵。
生涯堪入杜陵詩。林亦之。
多情未老已白髮，謝伯初。
新貴即今多黑頭。黄庭堅。
捲簾几席成圖畫，秦　觀。
落筆騄驥騰康莊。蔡　襄。
盡送光陰歸酒盞，邵　雍。
看臨古帖對梅枝。高似孫。

脩筠亂石一徑静，韓　淲。
雪檜霜松滿袖香。楊萬里。

搜抉幽奇呈脈縷，劉才邵。
擺落浮僞存精誠。劉才邵。

漫借一觴追勝概，方　夔。
翻思萬卷是勞生。釋文珦。

生日壽公寧免俗，毛　滂。
無人知我亦何傷。蘇　泂。

榖垂乾穗豆垂角，王　觀。
水遶陂田竹遶籬。舒　亶。

往事不知誰可語，董嗣杲。
幽意衹覺來無窮。韓　淲。

乃知心匠本神授，夏　倪。
不煩繩削自天成。方　夔。

數頃寒光對夷曠，黄　裳。
萬峰蒼玉刻孱顔。王安石。

短檠已自甘投老，林亦之。
幽夢還尋舊隱居。黄　裳。

夢斷酒醒山月吐，孫　覿。
泉甘土肥靈草香。韓　淲。

見説交情多雋達，林亦之。
厭看人面訴貧窮。方　夔。

黄花無語秋將暮，周　孚。
水鳥數聲雲滿溪。劉仙倫。

新編還見驚人語，劉才邵。
白髮難忘報國心。吕頤浩。

静疑多事非求福，李昭玘。
老欲隨人不待媒。趙鼎臣。

青天無雲萬峰立，葉夢得。
漁舟一笛晚風清。吴　珩。

新詩不待江山左，劉才邵。〔一〕
精意要與神明通。廖行之。

自喜江山助清絶，毛　滂。
獨於巖壑有深期。鞏　豐。

間喜林塘多静態，王　洋。
夢回起坐有佳思。謝　薖。

蝴蝶滿庭春草長，范　浚。
龍蛇起陸孔雀飛。張孝祥。

客到每憐樓閣異，陳省華。
詩成不費錘鑪功。張　擴。

龍躍鸞驚訶魍魎，劉　涇。
瑰姿逸態成崛奇。劉　攽。

黄菊有情留客醉，吴　珩。
古人不見想山高。黄庭堅。

要與幽人作榜樣，劉才邵。
獨乘漁艇老風煙。司馬光。

左盤右蟹一舟足，高似孫。
雪檜霜松滿袖香。楊萬里。

欹枕便成魚鳥夢，李　維。
高歌應有鬼神聽。鄭　炎。

時見歸雲度晴碧，劉才邵。
細聽山鳥説春心。徐集卿。

幅巾藜杖聊三徑，楊萬里。
明月梅花共一窗。樓　扶。

鳥聲應爲故人好，石　懋。
秋色偏欺客路中。王　奇。

論每闊疏時所棄，綦崇禮。
詩得江山老更豪。李彌遜。
關山不隔還家夢，洪芻。
江海難忘故舊情。吴説。
蓴菜鱸魚好時節，陳瓘。
雨蓑月笛了平生。李彌遜。
擊楫何人酬壯志，蔡勘。
枕戈方信是雄才。文彦博。
静觀世變慵招隱，韓淲。
無益閑交懶報書。周伯弼。
嗜好眇追千載友，鍾孝國。
江湖空老百年心。鄭斗煥。
好將筆力覷天巧，郭印。
要與黄花共晚香。家鉉翁。

江天春晚煖風細，謝逸。
雜花開盡緑陰涼。李光。
東風會勸十分酒，蔡確。
袖手時憑百尺樓。方夔。
水如香篆船如葉，沈括。
花滿晴煙樹滿雲。馮端棻。
電眸虎齒霹靂舌，蘇軾。
藜杖蓑衣筍籜冠。周諝。
圖書粗足惟須讀，蘇轍。
懷抱朝來得好開。楊萬里。
見説交情多隽達，林亦之。
不隨世態吴憎憐。方夔。
野興已隨芳草遠，陳知柔。
此心甘與衆人違。李若水。

懷鉛共笑揚雄老，汪應辰。
痛國誰憐賈誼書。柴望。

百年已負幾樽酒，張擴。
萬變惟應一笑酬。陸游。

竹枕藤床卧明月，王灼。
銅鐶玉鎖鳴春雷。蘇軾。

懶把幽懷經俗事，蘇泂。
獨取妙語傳新詩。蘇轍。

蒼巖如堂石如踞，劉涇。
碧山無際水無痕。李彌遜。

要堅志節在專苦，王洋。
將騁健駿先虛徐。王洋。

高處自與前人敵，姜特立。
慨然遂有勞者歌。司馬光。

幽鳥一聲春夢斷，黃順之。
薰風十里藕花香。沈遼。

櫂歌遠入秋波緑，葉隆禮。
瘦笻忽挂蒼山煙。方鳳。

濟世功名付豪傑，戴復古。
忘憂魚鳥自波瀾。蔡京。

出經入傳知言要，趙汝勝。
蒐奇獵怪窮端倪。劉才邵。

如此江山落人手，李壁。
須知盜賊亦吾民。陳淵。

繁華不結三春夢，周密。
傲兀能消萬古愁。程俱。

袖手深謀終活國，張元幹。
憂時百念可灰心。廖行之。

回念壯游多契闊，胡　寅。
共嗟衰暮值艱難。吕南仲。

緑鬢朱顔君勝我，楊萬里。
桃花流水古猶今。歐陽澈。

不爲兒曹營飽煖，胡　寅。
漫將佳節付詩歌。韓　淲。

才力有餘嫌事少，蘇　轍。
新詩得意許人傳。蘇　轍。

故山自有歸隱處，家鉉翁。
中歲難禁惜別心。李昂英。

舊雨不來從草緑，楊萬里。
昏鴉數點傍林飛。周敦頤。

疊嶂疏林入圖畫，盧　襄。
小橋流水即滄洲。游　酢。

案有黄庭尊有酒，崔唐臣。
閒於孤鶴澹於秋。黄　裳。

道在任從時態薄，寇　準。
家貧漸覺故人稀。黄　庚。

一壑風煙如可擅，李　光。
半生詩卷獨難忘。韓　淲。

飛花有意能留客，曹　緯。
關樹無多亦厭兵。林景熙。

竹溪花塢穿窈窕，程公許。
小園幽徑獨徘徊。晏　殊。

舊游只有山川在，胡　寅。
真賞不爲陰晴移。劉才邵。

萬事忘情知我拙，陳　淵。
一生襟抱與誰同。方　夔。

飛花有意能留客，曹　偉。
秋水爲文不受塵。蘇　軾。

試展畫圖清俗眼，陳世義。
不嫌塵土染征衣。洪　适。

慷慨未應憂短褐，吴明老。
疲勞專爲訪名山。司馬光。

滿榻詩書愁病眼，蘇　轍。
一簑煙雨荷春鋤。孫　覿。

天地江山供指顧，韓　淲。
詩書韜略傳清芬。劉才邵。

載酒誰從揚子學，劉　筠。
過廬難稱魏公心。鄧春卿。

不解聱牙斷詩句，黄　裳。
謬將疏野託交游。蘇　軾。

一池新墨生吟思，陸　游。
滿眼青山如故人。韓　淲。

氣骨已逼秋山秀，張　侃。
俯仰常隨萬壑流。李　光。

不務新奇誇俚俗，李　光。
隨時憂喜到漁樵。陳與義。

回廊曲折隨巖阜，李　質。
警語峭厲淩冰霜。程九萬。

龍蛇起陸雷破柱，黄庭堅。
霜葉投空鵲啅籬。蘇　軾。

亂種黄花添野景，謝伯初。
細聽山鳥説春心。徐集卿。

白首論交嗟已晚，虞　儔。
明日相逢語又新。林亦之。

艱難莫話平時事，李　洪。
諷戒曲盡詩人情。劉才邵。
要爲疲氓起憔悴，程公許。
想見浩氣盤高空。王之道。
萬里雲霄送君去，辛棄疾。
幾年辛苦厭兵間。李　光。
仗櫪常懷千里志，李　洪。
追歡猶學少年時。張　綱。
微雨嫩晴天似醉，吴　浚。
風起雲湧山疑浮。周　密。
能傳身後須文字，李　覯。
懶向人間問是非。曾　肇。
賞心到處窮佳景，周必大。
緩帶臨邊出好詩。蘇　轍。

野興已隨芳草遠，陳知柔。
清吟長占竹窗寒。張　綱。
秀在兩眉詩在腹，毛　滂。
句中芳草醉中茵。洪　适。
客裏易添芳草思，于　石。
閒情只許落花知。許元發。
未生白髮猶堪酒，黄庭堅。
屢對青山似有緣。衛宗武。
絶境芳菲時喚客，王　洋。
清談瀟灑坐生風。張師正。
朱顏易逐飛花落，李　新。
白髮惟有春風知。劉辰翁。
至寶不琢粹璞具，馮時行。
社甕欲熟浮蛆香。蘇　庠。

古意今情兩堪掬，董嗣杲。
山色江聲相與情。黃庭堅。

擊楫何人酬壯志，蔡　勘。
乘風聊復發清狂。李昭玘。

半簾煙雨長空外，宗必俓。
大地山河曠劫中。方　夔。

浪説虛名落人世，米　芾。
祇將閒意養天和。姜特立。

高處自與前人敵，姜特立。
道在何妨舉世非。李　光。

十年揩洗見真妄，黃庭堅。
一壑風煙自往還。楊　時。

蓴菜鱸魚好時節，陳　瓘。
荻花蘆葉老風煙。梁　棟。

幸有江山聊助思，蘇舜欽。
每陪樽俎定論心。度　正。

百年清白甕中酒，董嗣杲。
十里煙波竹外溪。陳　淵。

無心時共白雲出，謝　邁。
青眼聊因美酒橫。黃庭堅。

賴有新詩成獨諷，李　洪。
攬將奇思援孤琴。董嗣杲。

買魚沽酒噓儔侶，劉　正。
落花飛絮滿衣襟。蘇　軾。

暮靄直從漁笛起，徐集卿。
明月忽墮青崖巔。裴相如。

回念壯游多契闊，胡　寅。
晚知直語觸憎嫌。黃庭堅。

修竹幽蘭伴高卧，劉才邵。
秋風菰米强加餐。何夢桂。
半篙緑水三間屋，宗必經。
一枕溪聲半夜風。楊　時。
耻學鯫生事文墨，寇　準。
聊將詩句寫經綸。胡　寅。
關山不隔還家夢，洪　芻。
白髮難忘報國心。吕頤浩。
若信萬殊歸一理，蘇　軾。
敢爲虚名役片心。寇　準。
飛鳧去舄嘯滄海，袁説友。
深山大澤生龍蛇。黄庭堅。
自入醉鄉頭不白，朱長文。
每欣奇觀身欲飛。袁説友。

豪氣尚餘孤劍裏，方　夔。
舊游猶記劫灰前。周　密。
豪端古意皆含蓄，韓　琦。
天除浮雲自卷舒。蔡元定。
遥聞詩酒皆推勝，蘇　轍。
獨負權奇不受羈。張　綱。
布襪青鞋弄雲水，蘇　軾。
金盤玉指破芳辛。蘇　軾。
揮毫不著塵埃語，王伯大。
精意要與神明通。廖行之。
庭前花枝笑自愛，王　令。
梅邊春意恰相迎。王安石。
無求於世苦亡賴，王　洋。
好事逢人得異書。周必大。

醉裏不知身是客，戴復古。
狂歌時以酒爲鄰。張擴。

玉軸牙籤互璀璨，馮時行。
名章俊語紛交衡。蘇軾。

鳥飛不盡暮天碧，郭祥正。
酒香先過野橋風。毛滂。

壯士有懷時拔劍，程公許。
平生樂事日翻書。李昭玘。

玉琴在膝酒在手，周密。
簟紋如水帳如煙。蘇軾。

寧解詩書伴松竹，袁説友。
偶開圖卷小山川。蘇轍。

掃徑似知佳客至，徐俯。
閉門不與俗人交。周文璞。

高吟擁鼻詩懷壯，柳永。
投壺雅歌清燕開。蘇軾。

要及清閒同笑語，蘇軾。
莫將憂樂係窮通。韓淲。

一堂虛敞臨清泥，孝宗。
萬竹含翠藏雲菴。洪适。

豪氣尚餘孤劍裏，方夔。
新詩都在晚晴間。陳天麟。

餐霞服氣浪自苦，林敏修。
染鬚種齒笑人癡。陸游。

時有諸生來問字，王庭珪。
尚論千載欣談兵。袁説友。

永晝無人澗花落，司馬光。
啼鳥滿山春日長。文天祥。

遇事豈客無正論，華　岳。
臨危敢愛不貲身。陸　游。

零雨已回公旦駕，魏　泰。
青衫常戲老萊衣。李　光。

願把窮愁博長健，蘇　軾。
聊將戲墨忘餘年。王　詵。

茶香筍美松醪熟，周　密。
木落霜清鼓角高。歐陽脩。

深谷婉麗發春態，李彌遜。
曲檻縈廻帶晚風。陳堯叜。

盡送光陰歸酒盞，邵　雍。
遠邀山翠入軒窗。劉　宰。

醉眼却愁天地窄，韓　淲。
壯懷惟有鬼神知。蘇大璋。

四顧風煙入懷袖，司馬伋。
一生陶寫賴詩篇。釋文珦。

獨愛松杉寒不變，楊　偕。
盡攜書史日相從。李　光。

長篇小字遠相寄，蘇　軾。
地老天荒祇此情。柴　望。

舊游亂後半蕪沒，王之道。
群憂散盡增激昂。王之道。

獨捲珠簾望春色，喻汝礪。
旋移高竹聽秋聲。謝伯初。

百事不聞天地閉，董嗣杲。
幾人能遂故園歸。王之道。

談道論文俱入妙，郭　印。
壯觀絶致誰爭妍。袁説友。

頁郭生涯千畝行，石　悉。
傍崖寒冽一泓泉。朱　熹。
坐閲雲陰變昏曉，張　擴。
要令丘壑藏心胸。方　夔。
一犁好雨秧初種，連文鳳。
百尺蒼松鶯數聲。衛宗武。
茅舍已忘鐘鼎夢，向子諲。
孤操愛結泉石盟。謝枋得。
好水好山看不足，岳　飛。
種苗種豆從此忙。范成大。
流水自送夕陽去，董嗣杲。
畫船忽載故人來。姜　夔。
就禄勉持毛義檄，張商英。
生涯堪入杜陵詩。林亦之。

幾日寂寥傷酒後，晏　殊。
一時人物似君稀。王之道。
好勇真令腐儒服，蘇　轍。
閉門不與俗人交。周文璞。
每憤中原淪半壁，吕頤浩。
獨載扁舟向五湖。黄庭堅。
更携樽酒看修竹，孫　嵩。
時復孤吟步緑苔。趙　湘。
味道不妨寒似水，徐鹿卿。
遣愁安得酒如泉。張　耒。
十里江村入圖畫，晁公武。
一堂風月伴琴書。胡　寅。
讀書肯自謀温飽，王　邁。
遇酒還能發老狂。王之道。

十里湖光平似鏡，楊萬里。
滿庭春雨緑如煙。王　雱。
萬里雲霄送君去，辛棄疾。
一篙煙水載春行。方　岳。
百年鬢髮春風晚，蘇　泂。
一經落花流水香。姜　霖。
萬里江山入平遠，王子思。

滿城風雨近重陽。潘大臨。
往事自驚千里夢，吕南仲。
秋風又老一年詩。樂雷發。
野趣近依陶令宅，李　光。
西風還避庾公塵。蘇　軾。
放懷詩酒機先息，王安石。
强學文章力已窮。王安石。

校勘記

〔一〕原批「左古通助」。

寒柯堂宋詩集聯十

千章萬句卒非我，蘇　軾。〔一〕
勝概閒情雙有餘。司馬光。

便有好懷安得盡，楊萬里。
若非同伴莫相尋。釋文珦。

濟世功名付豪傑，戴復古。
憂時肝膽尚輪囷。陸　游。

酒不逢人還易醉，楊萬里。
詩推能事尚稱豪。王　洋。

畫圖突兀亦可怪，蘇舜欽。
煙雨空濛自一奇。楊萬里。

大筆直能挾風雨，周必大。
長嘯便欲淩清波。林亦之。

海爲瀾翻松爲舞，蘇　軾。
山作屏風雲作籬。范　浚。

草不枝葉自殊致，文　同。
巖壑風煙可寫憂。胡　寅。

且喜春風到茅屋，方　岳。
幸有落月窺清樽。蘇　軾。

褰衣步月踏花影，蘇　軾。
把酒終日聽泉聲。歐陽脩。

詩酒放懷真是癖，戴復古。
饑寒隨處肯言貧。董嗣杲。

世態飽諳思縮手，蘇　軾。
妙意有在終無言。蘇　軾。

已諳林壑投閒處，方　夔。
爲有源頭活水來。朱　熹。

出門一笑天地老，文天祥。
掃葉張飲林巖幽。黄庭堅。

收拾田園供老境，曹彦約。
喚取詩人到酒邊。黄庭堅。

慘別翻令詩句鈍，虞　儔。
安心寧恤鬢毛斑。劉　宰。

萬壑風雷送煙雨，李彌遜。
數聲漁笛在滄浪。蔡　確。

天機入神即揮灑，陸　游。
化工造物能神奇。黄庭堅。

莫話故園空矯首，張元幹。
可容名士乞歸田。黄庭堅。

月明酒醒塵絶迹，董嗣杲。
身閒心遠地長幽。黄庭堅。

平反陰德堪娱母，王　邁。
卓犖高才獨見君。王安石。

語帶煙霞從古少，蘇　軾。
老知書册誤人多。劉克莊。

正苦窮年對塵土，黄庭堅。
本來清尚只雲泉。楊萬里。

沉吟千載空搔首，孫　嵩。
撥棄萬事勿復談。蘇　軾。

典衣自種一頃豆，蘇　軾。
好事家藏萬卷書。王禹偁。

不慚晚境爲寒畯，衛宗武。
却向吟邊呈鋒鋩。鄭　俠。

山水雄豪空復在，王安石。
語論清簡發不虛。韓　維。

蓬萊方丈應不遠，蘇　軾。
野草閒花亦自香。韓　淲。

滄波萬頃江湖晚，陸　游。
落日千峰杜宇哀。周伯弼。

漫借一觴追勝概，方　夔。
看來千古許清新。楊萬里。

雷驚天地龍蛇蟄，黄庭堅。
夢繞江南水竹居。楊萬里。

好山不許尋常見，李　新。
勝日須傾三百杯。方　岳。

數畝荒園自鋤理，蘇　軾。
十年種木長風煙。黄庭堅。

伏櫪常懷千里志，李　洪。
倦飛原怯九霄寒。陸　游。

東風無跡秀芳草，李若水。
明月入户尋幽人。蘇　軾。

釀酒烹雞留醉客，歐陽脩。
破魔驚睡聽新詩。黄庭堅。

雲山得伴松檜老，蘇　軾。
天地無私草木秋。陸　游。

自有詩書供永日，蘇　轍。
可無樽酒付扁舟。曾　鞏。

醉裏狂言醒可怕，蘇　軾。
望中詩思浩難收。程之邵。

篇章俊發已可駭，蘇　轍。
杯酒殷勤莫厭深。孫　覿。
僻學固應知者鮮，陸　游。
少年自與老人疏。陸　游。
一天月色爲誰好，蘇　軾。
半夜梅花入夢香。戴復古。
北牖已安陶令榻，蘇　軾。
中流應動祖生心。李彌遜。
宇宙此身原是客，范成大。
江湖諸老澹相知。林景熙。
每憤中原淪半壁，吕頤浩。
請看白骨有青苔。陸　游。
閉門不爲辭賓客，王　洋。
吟筆自欲圖丹青。王安石。

歸作雙親千歲壽，范成大。
清坐十日一事無。蘇　軾。
飛鳧去舄嘯滄海，袁説友。
清都紫微醉雲璈。黃庭堅。
好向三山尋浩渺，林光朝。
坐視萬物皆浮埃。蘇　軾。
讀書肯自謀溫飽，王　邁。
遇酒還能發老狂。王之道。
但能爛醉三千日，陸　游。
惟餘舊書一百車。蘇　軾。
囊携丹藥身難老，張　詠。
門對雲山畫不如。程師孟。
智名勇功不入眼，黃庭堅。
詩豪酒聖難爭鋒。黃庭堅。

衰遲始憶壯游樂，陸　游。
冷暖難移故舊情。綦崇禮。

暫借好詩消永夜，蘇　軾。
想見浩氣盤高空。王之道。

龍虎精神金鼓氣，張　耒。
荷花世界柳絲鄉。楊萬里。

已把癡頑敵憂患，陸　游。
共嗟衰暮值艱難。吕南仲。

按行草木皆朋友，劉克莊。
歸與漁樵作主人。林景熙。

篇章況是萬人敵，仲　并。
男子要爲天下奇。王庭珪。

能以新詩出古律，梅堯臣。
莫將有限趁無窮。蘇　軾。

埽地焚香清晝永，張　栻。
桃花流水小橋斜。章　淵。

小樓一夜聽春雨，陸　游。
虚窗盡日對秋山。寇　準。

傾懷相見開城府，黄庭堅。
與世不諧猶嘯歌。陸　游。

收拾勝跡歸吟卷，董嗣杲。
獨立斜陽數過人。蘇　軾。

文字天成絶斤斧，王　洋。
丹青難寫是精神。王安石。

無數青山笑迎我，胡松年。
三月鶯花付與公。蘇　軾。

曾活萬人寧望報，蘇　軾。
尚論千載欣談兵。袁説友。

花柳共隨人酩酊，韓淲。
溪山信美暇徘徊。楊萬里。

倚天照海花無數，蘇軾。
流水飄香鶯自歸。李新。

流落生還真一芥，蘇軾。
留連語笑失千憂。蘇轍。

鄰諳好事頻賒酒，黃公度。
喜占明窗爲著書。徐積。

醉帖淋漓寄豪舉，陸游。
斯文崩壞歎横流。陸游。

人事只從無僞見，陽枋。
古來良爲知音難。黃庭堅。

乃知至人外生死，蘇軾。
好來平地作神仙。魏野。

儒術彫殘歸故紙，呂南仲。
古詩簡澹有遺音。陸游。

新詩寫出天人際，陽枋。
至畫乃掃筆墨痕。張耒。

白髮蒼顔略相似，蘇軾。
孤煙落日不可摹。蘇軾。

真珠爲漿玉爲醴，蘇軾。
社甕可漉溪可漁。黃庭堅。

飲泉鑑面得真意，蘇軾。
感時對酒祇長歎。程公許。

共陪樽俎無虛日，司馬光。
却捲波瀾入小詩。蘇軾。

舟人水鳥兩同夢，蘇軾。
明月梅花共一窗。樓扶。

揮灑工夫通恍惚，華　鎮。
領略古法生新奇。黄庭堅。
酒醒頓覺狂堪笑，陸　游。
山好誰知畫亦難。黄鵬飛。
安得山泉變春酒，蘇　軾。
豈有貝闕藏珠宫。蘇　軾。
白酒黄雞醉秋色，王之道。
重樓傑閣倚虚空。陸　游。
身老方知生計拙，黄　庚。
日長惟憶異書看。陸　游。
世態已更千變盡，黄庭堅。
書生豈無一策奇。劉　過。
改罷新詩留腹稿，林敏功。
看臨古帖對梅枝。高似孫。

睡覺秋風落桐樹，晁補之。
書成快劍斬蛟鼉。黄庭堅。
隱約棹歌聞別浦，孔武仲。
伶俜寒蝶抱秋花。蘇　軾。
不羞老圃秋客淡，韓　琦。
正值田家酒熟時。李　光。
斜陽似欲妝詩句，張　耒。
明月豈肯留庭隅。蘇　軾。
青山有約不知老，方　岳。
壯懷雖在已甘貧。孫　皓。
狂吟爛醉君無笑，陸　游。
壯觀絶致誰争妍。袁説友。
英雄陳跡千年在，潘　檉。
楊柳微風百媚生。陳與義。

聊開褉席臨流水，章　峴。
欲遺吟人對好山。黄庭堅。
倦游已夢莊生蝶，洪　邁。
歸卧盡讀倚相書。陸　游。
故國依然喬木在，蘇　軾。
白髮惟有春風知。劉辰翁。
色深林表風霜下，黄庭堅。
涼入軒窗枕簟間。王安石。
憑將袖裏數行字，朱　熹。
且醉花前一榻風。陳　淵。
節物催人教老去，楊萬里。
英雄何代不兒嬉。陸　游。
朝市山林俱有累，黄庭堅。
聲名官職兩無多。陸　游。

心悟微言口難説，趙鼎臣。
筆取未到氣已吞。蘇　軾。
强飲且爲山作主，蘇　軾。
落筆乃與天同功。黄庭堅。
三徑非遥人自遠，楊萬里。
一鳥不鳴山更幽。王安石。
風雨四時無盡藏，方　夔。
天人幾何同一漚。蘇　軾。
雲藏遠岫茶煙起，王庭珪。
花去春叢蝴蝶飛。韓　琦。
從來美酒無深巷，黄庭堅。
猶學嬰兒著綵衣。王禹偁。
電眸虎齒霹靂舌，蘇　軾。
珠簾玉案翡翠屏。蘇　軾。

時尋畫舸破煙水，王孝巖。
且把春愁付管絃。黃庭堅。
老來尚有憂時歎，蘇　軾。
閒客猶懷愛物心。陸　游。
一榻煖風棲竹屋，真桂芳。
滿身涼月看荷花。宋伯仁。
仰天一笑睨寥廓，黃人傑。
放浪萬里求蓬萊。陸　游。
波暖浮鷗翻素影，郭　印。
天寒落日澹孤村。蘇　軾。
筆端幻出滄洲趣，李彌遜。
胸次不使俗塵生。黃庭堅。
閉門種菜英雄老，陸　游。
拍手大笑使君狂。蘇　軾。

不務新奇誇俚俗，李　光。
敢將衰朽較前賢。蘇　軾。
手鈔萬卷未閣筆，黃庭堅。
眼高四海空無人。蘇　軾。
掃除萬事付諸命，張　耒。
吟詠千篇亦造微。富　弼。
緑棹紅船舞澎湃，蘇　軾。
層巒秀壁撐晴空。盧　襄。
天地何心窮壯士，陸　游。
勞歌一曲對青山。黃庭堅。
絕境自忘千里遠，蘇　軾。
野花時有一枝香。洪　适。
應須江海寄曠快，陸　游。
只有詩書養性情。胡　寅。

豐年猶有餓死慮，陸　游。
中歲難禁惜別心。李昴英。
忘懷杯酒逢人共，蘇　軾。
隔岸江山對月看。張逢原。
清詩獨吟還自和，蘇　軾。
古書雖在漸難憑。陸　游。
更喜丹青到微妙，華　鎮。
自有豪俊相攀追。王安石。
滄海橫流何日定，陸　游。
畫圖妙絕無人知。黃庭堅。
一言已破黎民駭，蘇　軾。
吾輩空懷畎畝憂。陸　游。
得句自慚非子美，華　岳。
結交誰復許袁絲。蘇　軾。

茶香筍美松醪熟，周　密。
山深巖高石壁清。張　耒。
銓量古今膽如斗，黃庭堅。
彈壓江山眼自青。周　郔。
雲開遠嶂碧千疊，真山民。
花落故溪深一篙。黃庭堅。
江山似与詩人助，李彌遜。
賢雋未可吏事繩。歐陽脩。
漫借一觴追勝概，方　夔。
往看萬壑争交流。蘇　軾。
電掣雲奔鬼神入，李彌遜。
木落霜清鼓角高。歐陽脩。
才高一世妙言語，王之道。
心欲獨出無古初。歐陽脩。

會與江山成故事，蘇　軾。
可無朋友託斯文。姜　夔。

大節弗污千載史，陸　游。
傲兀能消萬古愁。程　俱。

濟世功名付豪傑，戴復古。
向人懷抱絕關防。黄庭堅。

林花經雨香猶在，寇　準。
老筆盤空墨未乾。戴復古。

歌吟髣髴類騷雅，蘇　轍。
氣象寂寞餘山川。歐陽脩。

賸把嘗新伴幽獨，袁説友。
但知力飲送朝昏。毛　滂。

餐花嚼蕊有真樂，劉子寰。
冠巖帶壑無俗情。葉　適。

山似故人堪對飲，吕本中。
事如春夢了無痕。蘇　軾。

末俗相看終眼白，黄庭堅。
尊酒一笑期君同。袁説友。

時於談間出妙語，趙鼎臣。
故將俗物惱幽人。蘇　軾。

層巒好處起蒼壁，黄人傑。
亂雲堆裏結茅廬。李九齡。

流水自送夕陽去，董嗣杲。
今人偏動黍離愁。柴　望。

別墅雖無輞川畫，林亦之。
南陽誰識卧龍居。張　綱。

薄宦驅人成老大，李　埴。
長年多難惜分違。王安石。

文字鬱律蛟龍走，蘇軾。
杯酒淋漓意氣傾。虞儔。

篋載縑緗船載酒，王洋。
舌有風雷筆有神。蘇軾。

懶把幽懷經俗事，蘇洞。
但愁新進笑陳人。蘇軾。

和親自古非長策，陸游。
肉食何人與國謀。歐陽脩。

江榆老柳媚寒日，黃庭堅。
冷雲微雨濕黃昏。陸游。

忘懷處世思同俗，陳淵。
獨立無聊自詠詩。尤袤。

香風不動松花老，魏野。
啼鳥一聲春事幽。劉韞。

名聲不朽豈易得，歐陽脩。
飢寒未至且安居。蘇軾。

老去怕看新曆日，蘇軾。
悲歡還見舊山川。黃裳。

詩酒淋漓出狂怪，蘇軾。
文字追隨落雅吟。文天祥。

月明夜氣清入骨，楊簡。
松老無風韻自寒。司馬光。

捫蝨雄豪空自許，蔣之奇。
汗青得失更誰論。劉子翬。

四時爲我供畫本，王詵。
幽懷垂處覓詩題。韓淲。

相看鬢髮時窺鏡，黃庭堅。
遠有樓臺祇見燈。王安石。

水清石出魚可數，蘇軾。
風煖花香酒未消。方岳。

久知出處平生共，蘇軾。
追數悲歡夢寐中。趙鼎。

豪氣不除狂態作，陸游。
白髮生時老眼明。董嗣杲。

波澄瀨石寒如玉，徐鉉。
春到池塘草自青。李洪。

細數落花因坐久，王安石。
每思舊友取書看。陸游。

蕩胸長憶江湖月，李昭玘。
滿座疑聞錦繡香。蘇軾。

萬里尋山如野鶴，蘇軾。
百年世路同朝菌。黃庭堅。

焚香默坐已忘我，張擴。
過門問字久無人。黃庭堅。

素琴橫揭書滿架，歐陽闢。
萬花成園柳著行。陸游。

節物催人教老去，楊萬里。
溪山勸我暫忘憂。蘇轍。

龜腸蟬腹耐清苦，劉才邵。
鳥度雲行閱古今。黃庭堅。

頃來更覺文章進，韓駒。
所學豈以世俗拘。李呂。

壯懷未用看雙鬢，張綱。
清坐不言行四時。黃庭堅。

煙霞平日真成癖，楊萬里。
經史滿堂誰道貧。司馬光。

吟情浩蕩隘宇宙，丁　逢。
坐想星宿羅心胸。朱　熹。

煙水幸堪供眼界，陸　游。
蹭蹬乃去爲詩人。陸　游。

山林有志終難變，釋文珦。
風月相期不用賒。秦　觀。

已向歌謡挹和氣，家鉉翁。
自令事業見真儒。陸　游。

駿馬名姬如昨日，陸　游。
落霞孤鶩點清秋。李　新。

清詩不敢私囊篋，蘇　軾。
藜杖相將入畫圖。陳與義。

滄海橫流何日定，陸　游。
英雄未遇老天愁。王　邁。

壯日自期如孟博，陸　游。
晝眠聊復繼邊韶。王之道。

氣概相期向杯酒，方　夔。
文章自足欺盲聾。蘇　軾。

沐露梳風睡明月，王十朋。
啜茶揮麈託松軒。司馬光。

但飲流霞歌白雪，韓　琦。
却來江檻俯青郊。韓　駒。

溪山勝絶非塵世，胡仲弓。
詩句縱橫入酒杯。黄庭堅。

畫取江南好風日，黄庭堅。
雲生海面無端倪。梅堯臣。

箇中自有濠梁意，朱　松。
飄然不作世俗詞。蘇　轍。

地闊群山争逶迤，郭印。
月明洲渚遠蒼茫。陸游。
芳草得時依舊長，王安國。
梅花一夜爲君開。楊萬里。
投老始知歡可惜，王安石。
多才終恐世相縻。蘇軾。
白日屢移催我老，王安石。
清秋行樂勝春游。釋文珦。
早避喧煩真得策，司馬光。
默令雅俗盡知方。華鎮。
萬物已隨和氣動，王安石。
一尊莫惜醉顔酡。陸游。
滄波萬頃江湖晚，陸游。
疏磬一聲楊柳風。朱繼芳。

校勘記

〔一〕原批「此聯置最後」。

附録一　自跋

予前偶集宋詩爲聯，以貽故人，多辱稱許，相率以所藏宋賢詩集相借。歲辛巳春夏之交，山居無聊，又日聞警報，及發而讀之，以遣悶。隨讀隨集，積兩月又得千聯，似稍勝於前製。棄之可惜，輒復存之。客曰：「子之所爲，刻縷心腸，成之當甚艱苦。顧多哀時及悲苦語，慮不適於世用，得毋徒勞乎？」應之曰：「否否，予豈爲世俗適用而作者耶！借古人之酒杯，澆自己之塊壘，猶夙昔走也，是固小道，亦窮愁勞思之所由見也。夫讀古人之詩，一若黄祖之於禰衡，如我心中所欲言者，而感不絶於予心，亦人所同然者。其清詞麗句，奇偶天成，一索即得，又若有神助焉。蓋動乎情性之真，觸乎環攻之境，發乎自然之籟，得之固不覺其艱辛也。」客唯唯。雖然，聖不云乎：「雖小道必有可觀者焉，致遠恐泥。」是以君子不爲也，此則予之過也。是歲重午，余紹宋書於沐塵寓齋。

附録二　余重耀跋

詩詞集古，至唐堂《香屑》、竹垞《蕃錦》觀止矣。近之作者如水流雲，在館即事成吟，裒成巨帙，妙手偶得，諸體備兼，亦一時之雋也。楹聯小品，集句尤多，拾古成今，得心應手，善書者亦有樂於斯。越園先生清軌逸塵，望古遥集，等身箸述。餘事揮毫，以大雅才集宋人句。散之爲珠林，綜之爲玉海，高者成雲章，妙者爲月羲。培心先生别有會心，授之副墨焉。爲士囊錦耶，爲百衲琴耶，爲五銖衣耶，爲一指禪耶？名句耶，非名句耶？文身耶，非文身耶？還諮請毗耶居士，有以語我來。癸未初夏，諸暨遯廬余重耀跋。

附録三　祝鴻逵跋

外舅寒柯先生暇中遣興，得宋詩集聯數千對。友人多勸付梓，自厭其多，欲僅留千對，乃盛加割愛，以成此編。鴻逵卒讀之後，覺其運用古句之妙，如見揮毫時有百千古人奔走筆底，爲之服役。偶一驅策，古人之視聽言動，即我之視聽言動，古人之喜怒哀樂，即我之喜怒哀樂。甚至揮拆八荒，流連風月，亦與古人處處神會，不知何者爲我，何者爲古人。故成偶之後，個性即呈，古人則如功成身退，匿跡銷聲。而此言語，則爲集聯者自適性情、自攄懷抱之作。吾知起古人於九原，亦應驚歎，一時吟詠之句，不意千載而下，乃爲寒柯先生之舌人也。更不信人不同身，生不同時，居不同處，而所作之句，一經成偶，乃情感融和，竟如出以一口，運以一心，又如兩人精靈合而爲一，成此兩言，早爲今日集聯地也。蓋其組合之妙，直如筆間具一大洪爐，陶鎔古語，自然入化，天機雲錦，無復針綫遺痕，得不令人歎絶？而不少詩句，一經集合，又宛似爲今日之時會而發者。嗚呼，亦神矣哉！尤有進者，竊謂此集不當僅視爲集聯，實可稱爲作律詩之度人金針也。律句之妙，在於字精句煉，變化無窮，恒使人不能測。而此集則如聚千百絶佳之偶句於一書，無奇不備，無美不臻，讀之可悟運用之神，可藥板滯之病，得作律詩之無數法門也。集中有上句如在天涯，下句如在海角，而低徊吟味，自然消息暗通，血脈貫注，且有原句本屬尋常，一經聯合，反覺精采十倍者，是非運以奇氣，合以天機，神與古會，曷克臻此？此乃天才，非可强致也。鴻逵恐人未識此詣，僅以聯語視之，爲可惜也，爰綴數言，以告讀者。三十二年春，祝鴻逵謹跋。

藝　文　叢　刊

第　六　輯